빛깔있는 책들 ● ● ●
106

# 옹기

글 | 정양모·이훈석·정명호 ● 사진 | 옹기문화가족

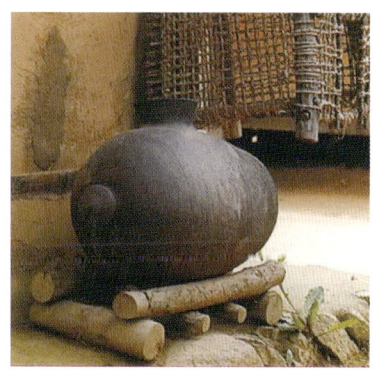

㈜대원사

저자 소개

## 정양모

서울대학교 문리과대학 문학부 사학과를 졸업하였다. 미술사학
회 회장, 국립경주박물관 관장, 문화재위원, 국립중앙박물관 학
예연구실장을 역임했다. 저서로는 『이조 도자』, 『분청사기』, 『백
자, 분청사기』 등이 있다.

## 정명호

연세대학교 문과대학 사학과를 졸업하고 동국대학교 사학과 대
학원에서 석사학위 취득, 단국대학교 사학과 대학원 박사과정
을 수료하였다. 문화재전문위원, 한국전통공예전수교육회 회
장, 동국대학교 대학원 미술사학과 교수를 역임하였다.

## 이훈석

대한예수교장로회 총회신학대학교와 동 신학대학원을 졸업하
였다. 숭례원 원장과 김치박물관관장, 한국식품사박물관 설립
추진위원장을 역임하였다.

## 도움주신 분

'옹기문화가족' 간사 김기명

차 례

# 옹기

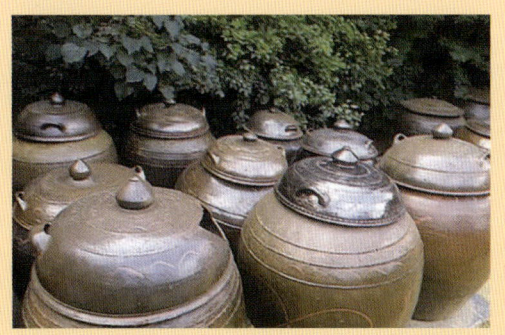

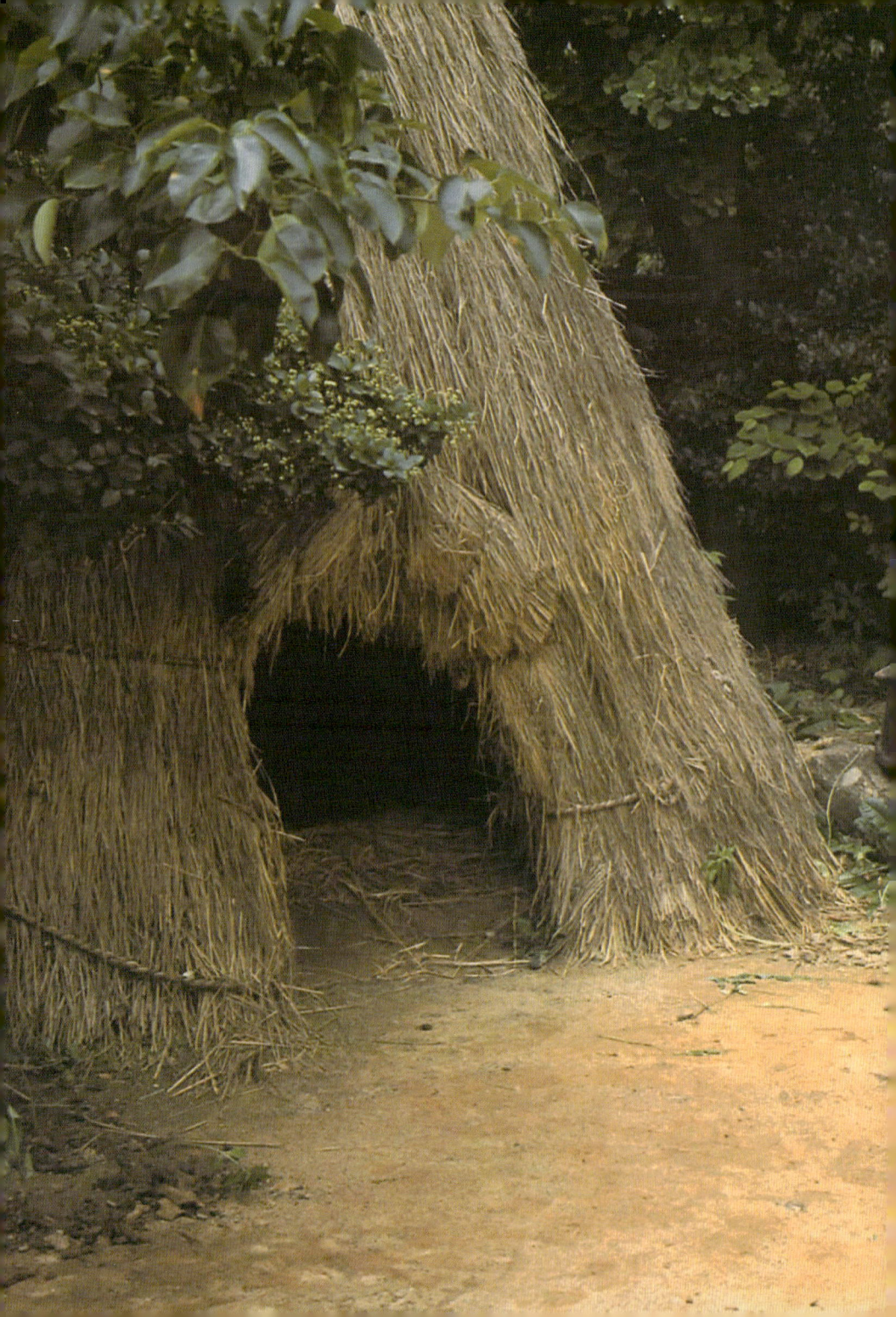

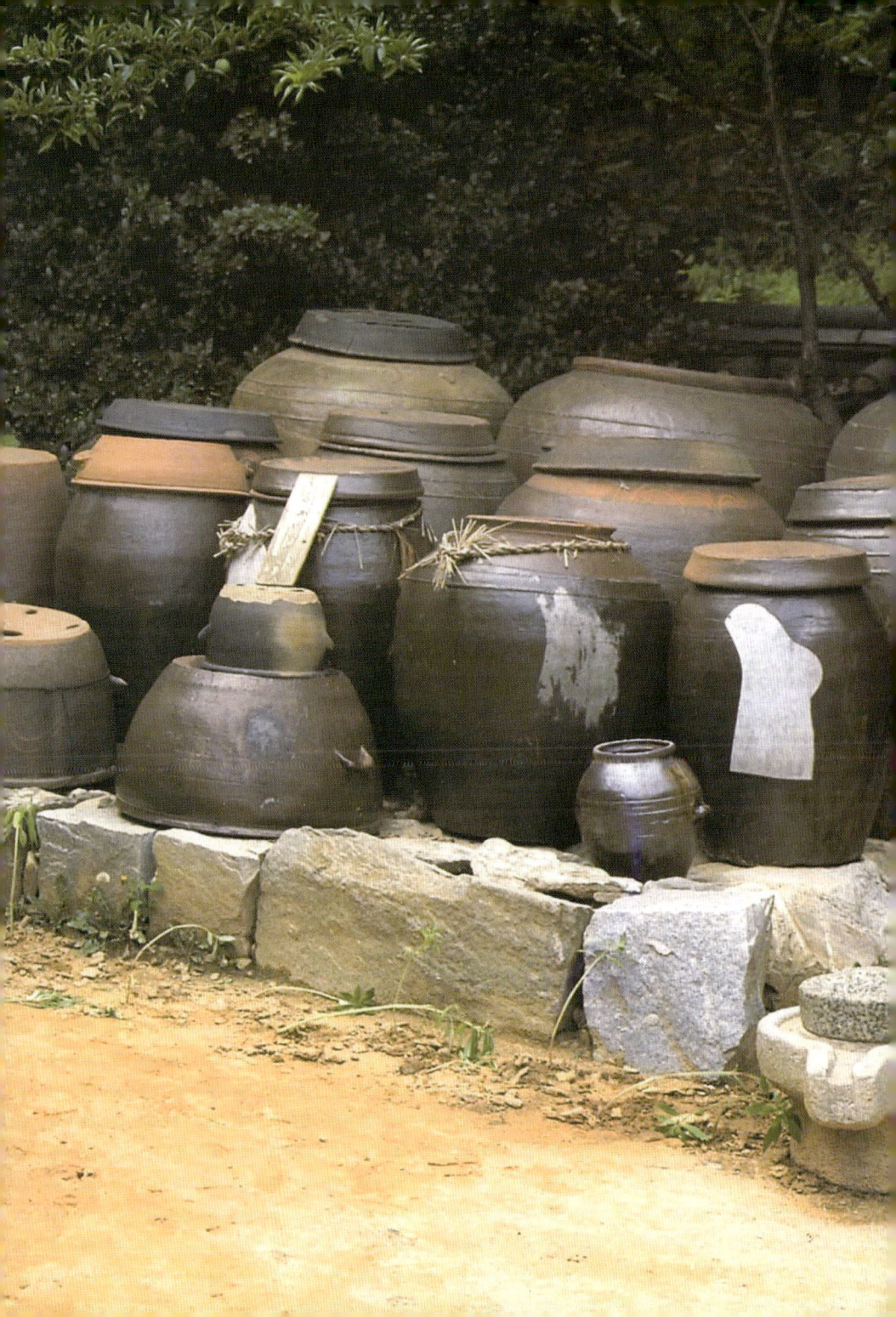

# 오지그릇과 질그릇

몇십 년 전까지만 해도 우리네 살림에서 오지그릇과 질그릇은 중요한 생활 용기였다. 또한 용기 자체로만 그치는 것이 아니고 우리의 생활과 하나가 되어 삶을 넉넉하고 안락하게 해 주었으며, 우리를 자연과 친숙하게 맺어 주었다.

옛날 오지그릇은 가마 안에 바람(공기)과 불길을 자연스럽게 들어가게 해서 산화(酸化) 번조로 구워 낸 숨을 쉬는 그릇이다. 질그릇은 오랫동안 바람과 불길이 어울려 불심이 셀 때 솔가리를 한꺼번에 많이 지피고, 굴뚝을 막고 아궁이를 막아 검댕을 입힌 불완전 환원 번조로 구워낸 것으로, 숨도 많이 쉬면서 습도를 조절하고 청정 작용을 하는 그릇이다. 오지와 질그릇은 몇천 년 동안 우리 조상들이 생활에서 얻은 경험과 슬기로 빚은 것으로 천연의 그릇과 같았으나 질그릇은 단절된 지 오래고, 오지그릇은 근래에 독성(毒性)이 있는 그릇만이 양산되어 오히려 우리 인체에 커다란 해를 끼치고 있다. 우리는 옛날의 오지그릇과 질그릇을 되살리고자 노력해야 한다.

자연은 생명의 근원인데 지금 우리는 자연을 자꾸 상실해 가고 있다. 지나친 합리주의와 이기주의에 시달려 본래의 우리 모습은 차츰 아득한 옛날이야기로 되며, 순리대로 살던 우리네 심성도 자연과 멀어졌다.

사람들이 만들었으면서 자연과 같은 순박함이 깃든 것이 있다. 그 가운데 하나가 바로 우리 조상들이 오랫동안 사용해 온 독으로 대표되는 오지그릇과 시루, 밥통으로 대표되는 질그릇들이라고 생각한다. 오지그릇의 생김새는 지극히 평범하면서 익살스럽고 모든 것을 포용하는 아량과 덕을 지니고 있다. 주위 환경과 잘 어울려 황토(黃土)나 흙 담장 같은 느낌을 주며 산과 바람과 구름과도 잘 어울린다. 그리고 꼭 일정한 치수니 생김새가 없다. 지방마다 다르고 쓰임새에 따라 다르다. 또한 물레 대장이 신바람이 났을 때와 흥이 좀 덜 났을 때에 따라, 그때 그 대장

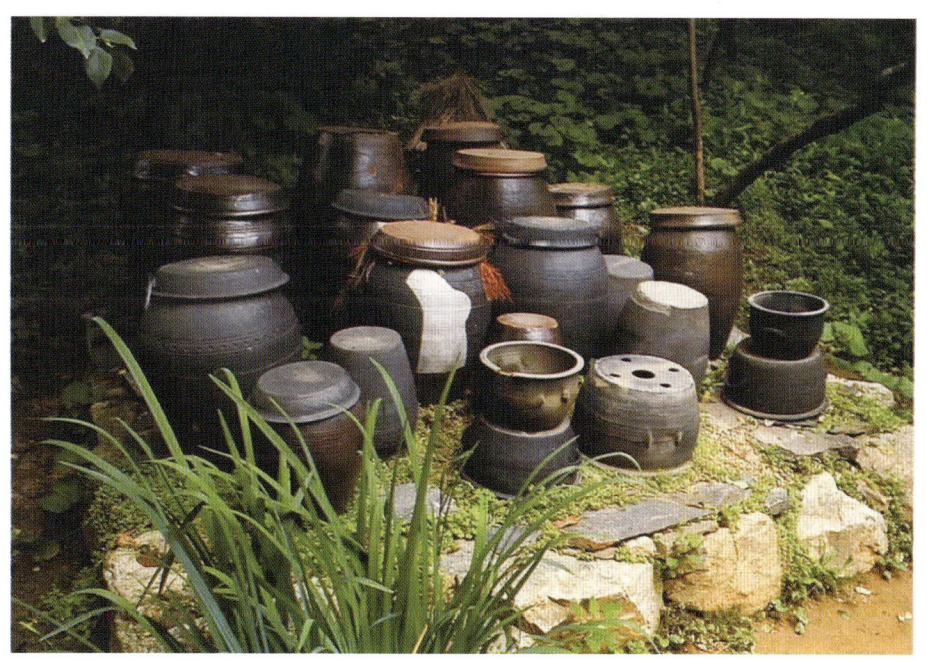

농가에서 흔히 볼 수 있는 장독대

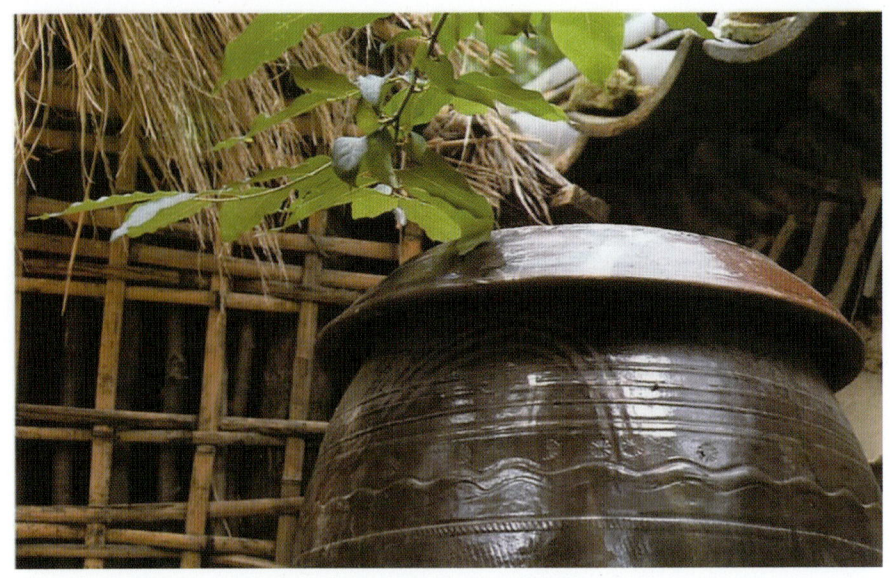

옹기의 꾸밈없고 수더분한 분위기가 마음의 여유를 준다.

의 생각에 따라 조금씩 달라진다. 색깔도 가지가지이다. 어디서 질(질그
릇을 만드는 흙)을 파왔고 어떤 거나꾼이 질을 밟고 때려 깨끼하였느냐에
따라 다르고, 어디서 캐 온 어떤 약토에 어떤 재를 얼마나 섞어 잿물을
만드느냐에 따라 다르고, 어떤 가마에서 어떤 나무로 어떻게 불을 땠고
가마 안 어느 곳에 놓았느냐에 따라 달라진다.

　이것들이 장독대에 놓이고 부엌과 광과 대청에 드나들면서 엮어 냈
던 꾸밈없고 수더분한 분위기가 마음의 여유를 주었다.

　우리는 독깨그릇이 지녔던 그 마음을 오늘에 살려 올바른 심성을 조
금씩이나마 회복하고 선인들이 쓰던 공해 없는 자연의 독을 지금 새로
만들어 씀으로써 우리 생활에 자연과 같은 여유와 운치와 풍요로움을
되찾을 수 있으리라고 생각한다.

# 옹기의 유래

우리나라를 '도자기의 나라' 또는 '항아리의 나라'라고 한다. 질이 좋고 쓰기 편리하면서 잘생긴 도자기를 우리는 몇천 년 동안 사용해 왔다.

곡물을 저장하고 음식을 담아 먹고 보관하는 데는 처음 목기(木器)나 소쿠리 등이 쓰였겠지만 흙으로 그릇을 빚어 불에서 단단하게 구워 내는 방법을 알아낸 뒤부터 토기(옛 우리 한문 표기는 '瓦器')는 우리 생활과 뗄 수 없는 관계에 놓이게 되었으며, 이것이 인류와 도자기와의 최초의 인연이다. 이후 인류의 생활이 발전해 나가는 척도는 도기가 발전하는 단계로써 가늠할 수 있다.

처음 만들어 낸 토기는 진흙을 물에 반죽하여 모양을 만들고 햇볕에 말려서 쓰거나 풀이나 나무줄기로 만든 바구니나 소쿠리 같은 데에 진흙을 발라 말려 썼을 것이다. 이러한 그릇들은 금방 깨지고 액체를 담을 수가 없지만 진흙이 불을 먹으면 굳어진다는 사실을 알게 되고, 진흙 가운데에서도 가소성이 있고 구울수록 더 단단해지는 내화성(耐火性)이 있는 찰흙을 찾아내어 최초로 구워 낸 것이 우리나라에서는 기원전 4000 내지 5000년 전에 만들어 낸 빗살무늬 토기이다. 사람의 지혜와 생활이 발전함에 따라 조금 더 단단한 무문 토기를 만들어 내게 되었고 홍

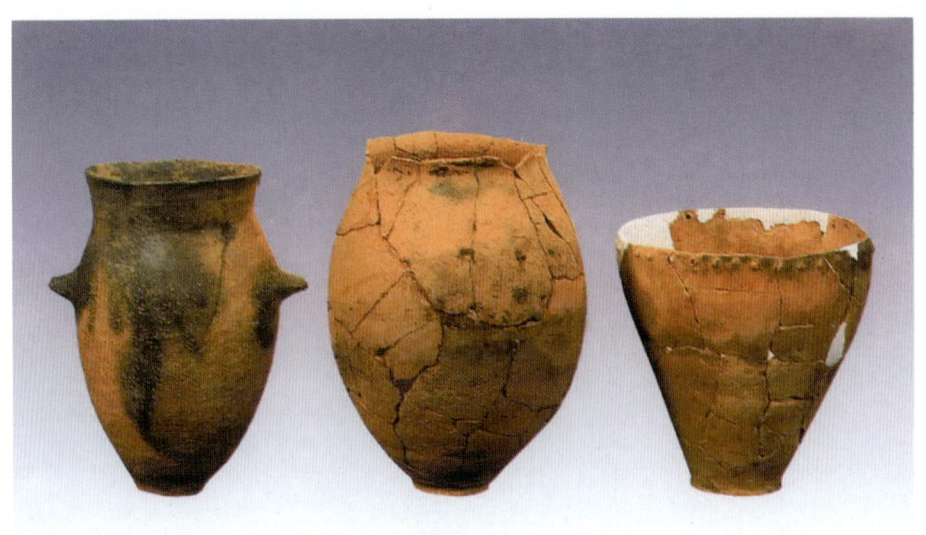

무문 토기  성동기시대에 사용했던 모래가 섞인 거친 그릇으로, 현재 사용하고 있는 독의 근원이라 할 수 있다.

도와 채도, 흑도도 만들게 되었다.

무문 토기는 진흙 속에 모래가 많이 섞였고, 홍도와 흑도는 모래가 섞이지 않았다. 무문 토기는 실용적이고 단단하며 수량도 많고 그 당시 널리 사용되었고, 홍도와 흑도는 수량도 적고 특수한 용도로 의식용이나 제례, 부장품으로 만들어졌다. 그러므로 모래가 섞인 무문 토기는 거칠고 값싼 그릇이고, 모래가 안 섞인 것은 곱고 값비싼 것이라고 생각하기 쉽다. 그러나 무문 토기는 무문 토기대로 그 당시는 물론 현재까지 우리 생활에 없어서는 안 될 독의 근원이 되었고, 홍도와 흑도는 자기의 근원이 되었다고 생각한다.

무문 토기는 차진 진흙을 파다가 수비(그릇 만들 흙을 물에 풀어 잡물을 없애는 것)하지 않고 그대로 물에 이겨 반죽하여 메로 두드리고 발로 밟

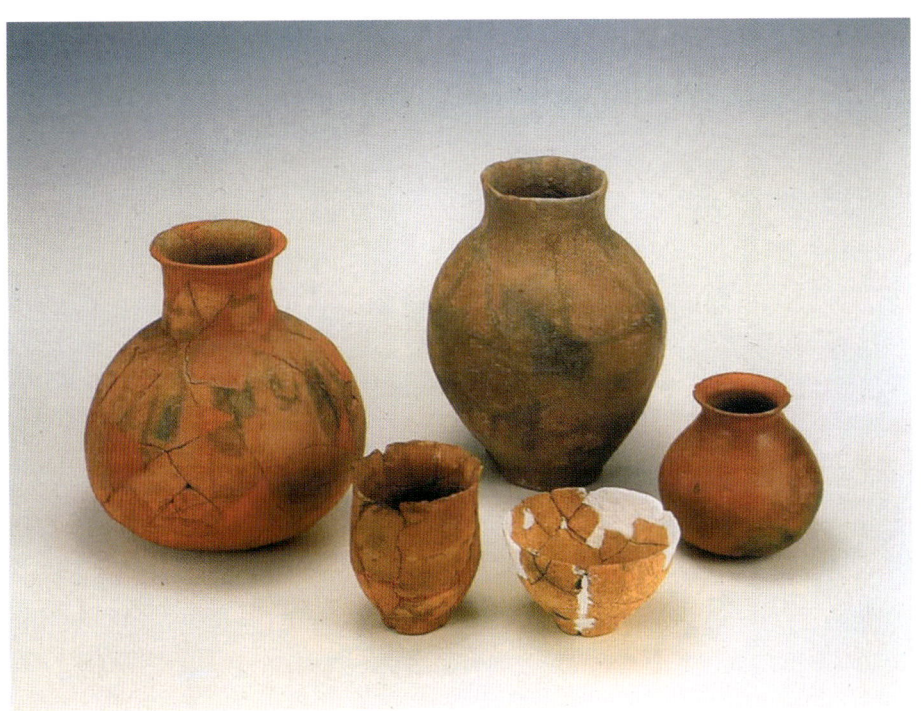

홍도  청동기시대에 사용했던 흑도와 함께 모래가 안 섞인 그릇으로, 자기의 근원이
라 할 수 있나. 국립중앙박물관 소장

아 태토(질)를 만드는 과정에서 질에 가는 모래를 섞어 마치 콘크리트에
자갈을 섞듯이 만들었다. 그래야만 말릴 때 터지지 않고, 무문 토기를
구울 때 터지고 갈라지는 것도 막을 수 있기 때문이다.

　홍도와 흑도는 진흙을 파다가 수비를 한다. 수비는 녹말을 가라앉히
듯이 한다. 진흙을 큰 구덩이에 넣고 물을 대면서 자꾸 휘적거리면 위에
는 고운 진흙 가루만 남고 모래 등은 밑에 가라앉는다. 이때 구덩이를 2,
3개 파서 물을 넘치게 하여 고운 진흙이 떠 있는 물을 다음 구덩이로 가
게 하면서 고운 체로 밭치면 수비하는 효과는 더욱 크다.

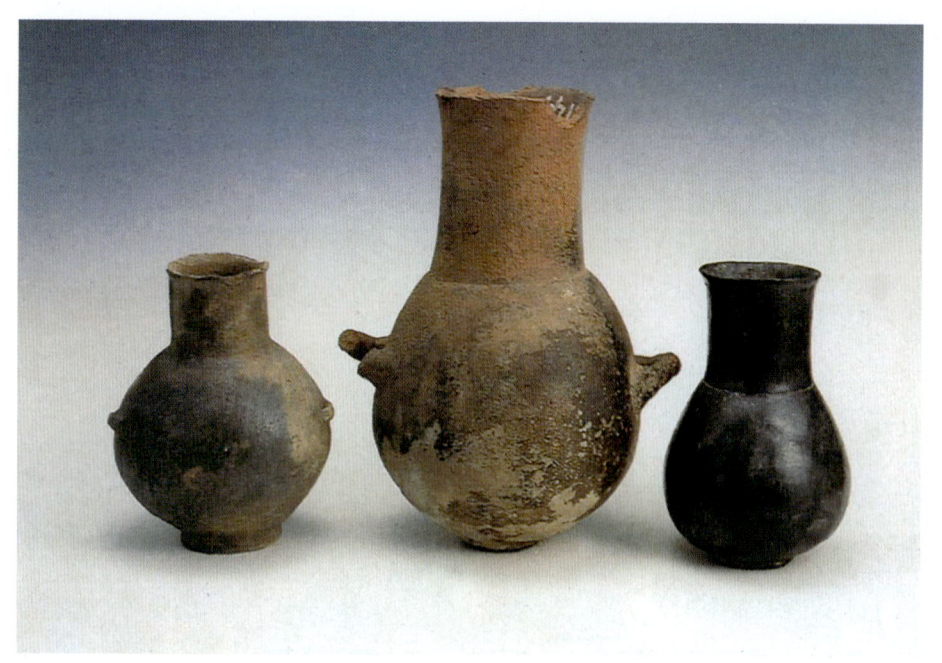

흑도  청동기시대. 높이 122.5센티미터(오른쪽), 국립중앙박물관 소장

  사람들은 수비한 질로 형태가 예쁘고 정교하며 그 질이 치밀한 토기
와 도자기를 만들게 되었으며, 점차 인간의 문화에 상응하는 인공적(人
工的)으로 아름답게 보이려는 그릇을 만들 수 있게 되었다. 지금 우리가
쓰고 있는 그릇 가운데서 이러한 인간 문화의 극치가 바로 자기(磁器, 瓷
器, 白磁)인 것이다.

  오지그릇은 이와는 달리 사람이 만들었음에도 불구하고 자연과 가장
가까운, 어떻게 보면 인간 문화와는 가장 먼 곳에 있다고 보아야 할 것
이다. 그렇기 때문에 오지그릇의 참모습을 우리 세대에 되살림으로써
우리는 자연과 같이 숨 쉬면서 우리들 본연의 모습을 겸허하게 돌아볼
수 있다.

수비한 질로 만든 홍도나 흑도 가운데에서 흑도는 계속 발전하였다. 중국의 하남성(河南省)을 중심으로 하북(河北), 산서(山西), 협서(陝西), 강소성(江蘇省) 등지에서 발달된 회도(灰陶)의 영향을 받아 발전하게 된다. 곧 고온에서도 견디는 내화도(耐火度)가 높은 질을 찾아내고 물레를 만들고, 높은 화도에 견디는 가마를 만들어 그릇을 섭씨 1000도 이상의 고온에서 구워 낼 수 있게 되었다. 흑도와 회도의 영향으로 새롭게 만들이진 그릇을 우리는 '와질 토기(瓦質土器)'라고 한다.

와질 토기는 기원전 1세기 때부터 만들기 시작하여 삼국시대 초기를 거쳐 4세기에는 매우 강한 치밀질 토기로 발전했고, 이 강한 토기를 '석기(炻器)'라고도 한다. 석기는 5, 6세기경 신라와 가야에서 가장 우수한 것을 만들었으며, 화도는 섭씨 1200도를 웃돌며 무쇠같이 튼튼한 토기로 환원(還元) 번조한 것이다. 흑도를 만들 때는 겉을 갈아 반들반들하게 하고 흑연을 넣어 더욱 검게도 하지만, 그릇을 구울 때 마지막 단계에서 장작을 많이 지피고 아궁이와 굴뚝을 막아 검댕(탄소 알갱이)을 입히면 새까만 토기를 만들게 된다.

사람들은 토기에 검댕을 입히디기 휜원 번조(환원불)하는 기술을 터득하여 회색, 회흑색의 와질 토기와 석기를 만들게 되었다. 환원불을 때려면 섭씨 1100도 이상이어야 하므로 자연히 토기의 질은 단단하게 될 수밖에 없다.

모든 진흙(질, 태토) 속에는 철분이 들어 있는데 이것으로 하여 토기와 도자기의 색이 판가름 난다. 가마를 만들지 않고 노천에서 토기를 굽거나 가마를 만들었더라도 자연스럽게 아궁이를 열어놓고 공기가 맘껏 들어가게 하면서 불을 때는 것을 '산화 번조'라고 한다. 산화 번조하면 진흙(질) 속에 늘어 있던 철분(쇳가루, 이미 녹이 슬어 붉게 되어 있음.)이 공기 중의 산소와 결합하여 시뻘겋게 되고, 그릇도 쇳가루의 함량에 따라 황색에서 다갈색, 적갈색으로 된다.

한편 가마에 바람이 들어가지도 않고 새어나지도 않게 아주 튼튼하게 만들고 가마에서 그릇을 구울 때 섭씨 1100도 이상 올라가면 장작을 많이 지피고 억지로 가마 아궁이와 굴뚝을 막아 공기의 유입을 차단한다. 그러면 질 속에 있던 쇳가루가 녹이 슬어 붉었던 것이 녹이 벗겨져 쇠의 원래 색인 청색으로 되어 그릇의 색은 쇠의 함량에 따라 청색을 머금은 회색에서 회흑색으로 된다. 이를 '환원 번조'라고 한다.

무문 토기는 산화 번조한 토기이고 흑도로부터 시작된 와질 토기와 석기는 초보적 환원 번조로부터 시작하여 완전한 환원 번조로 만든 것이다. 환원 번조하면 토기, 도기류의 색은 청색을 머금은 회색 내지는 회흑색이 되고, 산화 번조하면 황색·갈색·적갈색이 된다. 자기류의 색은 환원 번조하면 쇠의 함량에 따라 다르지만 대체로 푸른색을 머금게 되고, 산화 번조하면 노란색을 머금게 된다. 우리나라는 삼국시대 이후 환원 번조한 토기와 도자기가 그 주류를 이루고 있으나 산화 번조도 면면히 이어졌다. 산화 번조한 것은 치밀하지 않은 것이 대부분이지만 여러 가지 특수한 용도에 필요한 토기와 도기가 만들어졌다.

삼국시대와 통일신라시대에는 적색 토기가 만들어졌고, 고려시대에는 녹청자(綠靑磁)와 아직까지 분명하지는 않으나 삼국, 신라의 적색 토기보다는 그 질이 조금 더 단단해진 적색 토기가 만들어졌으리라 생각되며, 조선시대에는 오지(옹기)그릇이 만들어졌다. 조선시대 오지그릇은 여러 문헌의 기록으로 짐작된다.

『세종실록지리지』(1454년)에 "경상도 초계군(草溪郡)과 진주목(晉州牧)에 세 군데 '황옹(黃甕)'만을 굽는 가마가 있었다."라는 기록이 있고, 『경국대전(經國大典)』의 공전(工典, 1425~1465년) '외공장조(外工匠條)'를 보면 "충청도 임주(林州)에 황옹장(黃甕匠) 한 명이 있다."라고 하였다.

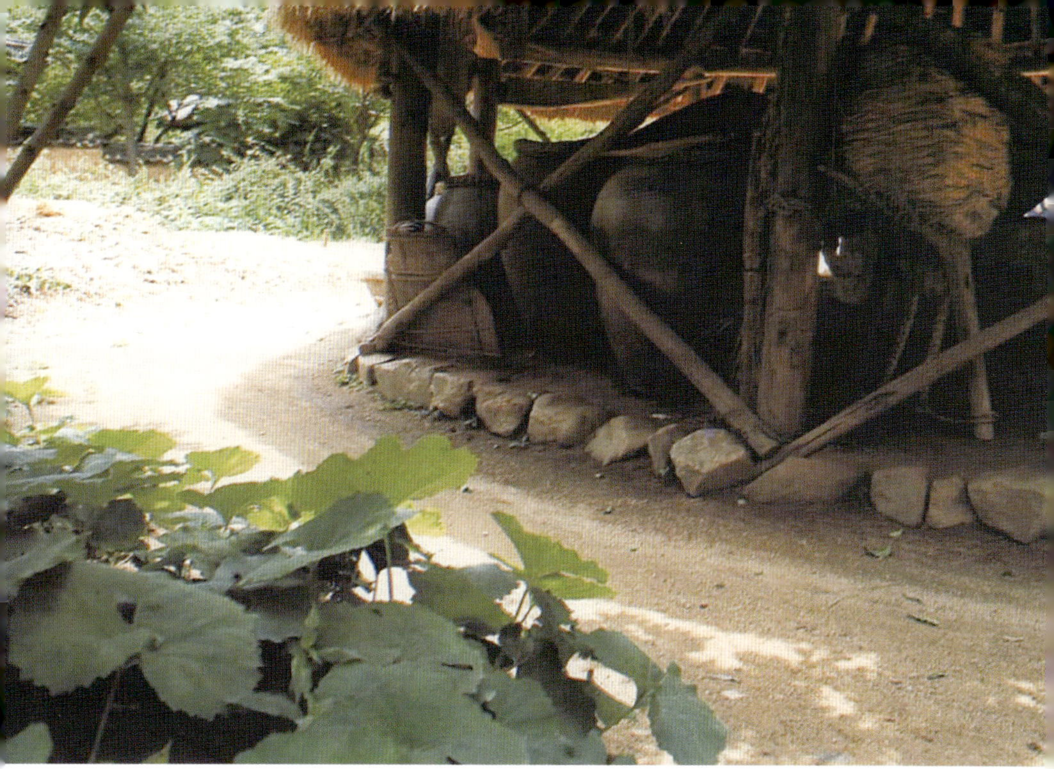

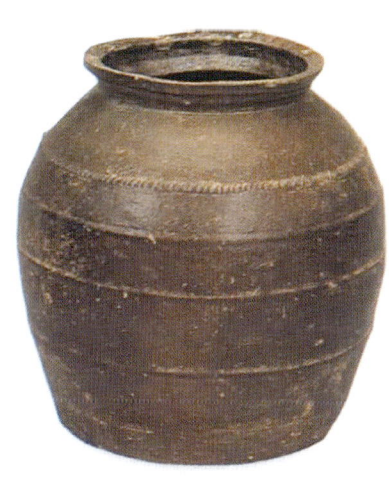

조선 초기의 옹기　조선 초기의 자료인 『세종
실록지리지』, 『경국대전』에 의하면 독의 형태
와 질 등은 조금씩 바뀌었지만 우리가 지금 사
용하는 독은 대체로 조선 초부터였음을 알 수
있다. 높이 26.5센티미터, 구경 50센티미터

여기서 황옹이란 분명히 우리가 지금 쓰는 독과 비슷한 것이라 생각된다. 또한『경국대전』공전 '경공장조(京工匠條)'에 보면 "본조(本曹), 봉상시(奉尙寺) 등 14개 기관에 옹장이 104명이고 '각기조역 2인(各其助役二人)'이라" 하였으므로 독을 만드는 장인(匠人)인지 또는 질그릇 장인인지 분명치 않지만『세종실록지리지』와『경국대전』'경공장조'의 옹장은 모두 왕실(王室), 곧 경사(京師)의 사항이므로, 각도(各道)와 경사로 구분되므로 각도의 황옹 번조 상태와 경사의 황옹 번조 상태로 볼 수도 있을 것이다. 또한 이들 기록은 왕실과 여기에 공상(貢上)하는 옹기일 것이며, 이 밖에도 각 지방의 백성들이 사용하는 독과 오지그릇을 만드는 곳이 있었을 것이다.

이러한 조선 초기 자료로 미루어 보아 독의 형태와 질 등은 조금씩 바뀌었겠지만 우리가 지금 사용하는 독은 대체로 조선 초부터였다고 생각된다. 곧 환원 번조한 토기와 도자기는 인공식인 미를 한껏 발휘할 수 있는 것으로서 기능과 관계없이 여러 가지 형태로 만들기도 하고 장식할 수도 있다. 그러나 산화 번조한 용기는 처음부터 자연에 순응한 것으로 인공적인 미와는 인연이 없는 자연미를 그대로 살린 것이다. 형태는 실용과 기능 이상의 것이 있고, 문양은 마치 하늘을 나는 기러기 같기도 하고 난조 같기도 하고 호수에 떠 있는 오리 같기도 하다.

오지그릇의 자연미는 외형에도 있지만 그 내용 또한 자연과 상통한다. 환원 번조한 토기, 도자기는 태토를 수비하고 가마 안에서 자화(磁化)되어 치밀질이다. 그러므로 내부와 외부는 철저하게 차단된다.

오지그릇은 질이 좋은 진흙을 파다가 어디 널찍한 곳에 부려놓고 몇 달이고 비바람을 맞게 두었다가 질을 만든다. 물론 수비하지 않고 이기고 밟고 메로 때려 다지고 큰 덩어리를 만들어 다시 깨끼질을 한다. 이 깨끼질이 환원 번조하여 만들어 내는 토기나 도자기의 수비 과정과 비

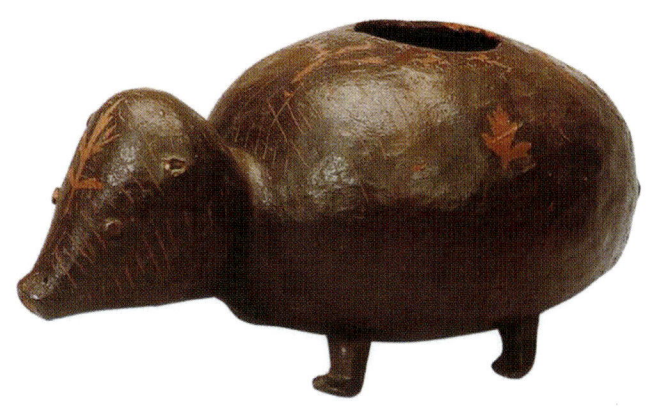

향교 제기　높이 17.5센티미터, 둘레 59센티미터, 길이 41센티미터

숫하면서도 다른 점이다. 수비하면 아무리 작은 모래알이나 불순물도 다 걸러 낸다. 그러나 깨끼질을 하면 굵은 모래만 걸러 내게 된다. 잘 이기고 밟은 집채만한 진흙덩이를 며칠이고 깨끼낫으로 조금씩 깎아 내면 굵은 모래는 자연히 튕겨 나오기도 하고 진흙에 박힌 것은 깨끼낫 손잡이 끝으로 쉽어 낸다. 그러므로 태토 안에 가는 모래가 섞이게 되어 진흙끼리 서로 엉켜서 붙게 되는 역할도 하고, 바람도 통하는 구실을 한다. 처음부터 수비하지 않았으므로 입자가 굵은 데다가 모래가 섞이고 고화도(高火度) 환원 번조가 아니라서 오지그릇의 단면을 확대해 보면 숨구멍이 숭숭 뚫려 있다. 오지를 만들 때 깨끼한 진흙으로 그릇을 만들어 그대로 구웠다면 표면이 너무 거칠거칠하고 바람만 통하는 것이 아니라 물도 조금씩 샐 것이다. 오지가 형성되는 처음 시기에는 이를 막기 위하여 성형할 때 많이 두들겨 얇고 치밀하다.

　조선 전기 유적에서 출토되는 오지형 토기 편을 보면 입자가 가늘고 얇고 단단하다. 언제부터인지 확실치 않으나 약토와 재를 섞어 잿물(釉

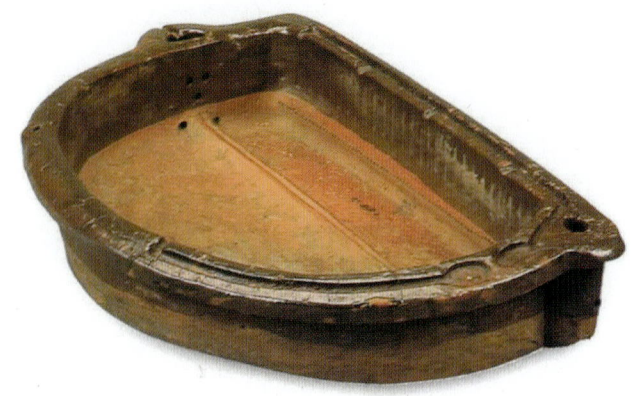

제사 기구(製絲器具, 잠사 기구)   둘레 142센티미터, 높이 10.4센티미터

藥)을 만들어 입혀 구우면 표면이 매끄러우면서 바람이 통하여 숨은 쉬
면서 물이 통하는 것을 막아 준다.

　오지그릇 가운데에서도 특히 독이나 항아리는 음식물을 오래 저장해
야 되므로 바람이 통하고 숨을 쉬게 하여 그 속의 저장물이 쉬거나 썩는
것을 막아 준다. 이러한 독의 기능이 발효 식품이 중요한 비중을 차지하
는 우리나라 식품 저장에 큰 역할을 담당하게 한 것으로 생각된다.

# 옹기의 발전

　질그릇은 흑도(黑陶)에서 비롯되었다. 흑도가 발전하여 고화도 환원 번조 상태에서 치밀질에 가까운 토기(土器)가 되었으며, 여기에 회유를 입혀서 회유 토기(灰油土器)를 만들며, 회유 토기의 단계에서 청자와 백자로 이어진다. 치밀질 토기는 청자, 백자와 같이 계속 이어졌지만 고려 이후로 점차 쇠퇴하게 되었다. 그 이유는 청자와 백자의 수요가 증대하고 토기의 수요는 급격히 줄어들었기 때문이다. 그러나 토기는 토기대로 용도에 따라 사기와는 다른 사용하기 편리한 특성을 가지고 있다.

　토기는 다공질(多孔質)로 숨을 쉬며 아주 큰 것도 만들기가 쉽고 자기보다 가벼우므로 다루기가 쉽다. 그뿐 아니라 열에 강하고 가격이 저렴하여 우리 생활에 없어서는 안 될 존재였다. 그러므로 토기도 치밀질 토기 계통은 일부가 자기로 발전하였고, 또 일부가 오지그릇으로 이행되었으며, 또한 그 입지(立地)가 약해져서 소멸한 것도 있다.

　질그릇은 고려에서 조선조로 이행되면서 생활이 다양해지고 풍요롭게 됨에 따라 특수한 용도에 쓰이는 특수 용기로 발전하였다. 질그릇은 고려 말에서 조선 전기까지도 환원 번조로 만드는 토기였으나 그 질이 토기보다 연질이었다. 그 이후 불완전 환원(不完全還元)을 절묘하게 하여 첫째 검댕을 많이 입힌 것, 둘째 검댕을 입히면서 표면을 마연하고 암문(暗文)을 시문(施文)한 것, 셋째 검댕을 입히면서 화도(火度)를 더 낮추어 아주 연약하게 만든 것 등 다양한 전개를 하고 있다. 첫째의 검댕을 많이 입힌 것은 질그릇이 가지는 숨 쉬고, 수분을 조절하고, 불에 잘 견디는 기본 작용말고도 청정 작용을 할 수 있다. 둘째 것은 굽기 전에 마연하고 암문을 시문하면 표면을 자연스럽고도 아름답게 꾸밀 수 있으며, 셋째는 화도를 낮추면 불에 더욱 잘 견딜 수 있다.

질화로는 불에 터지지 않고 불을 오래 간직하게 되므로 떡은 반드시 질시루에 쪄야 제맛이 나고, 밥은 질밥통에 넣어 두어야 아침에 한 밥이 저녁까지 제맛을 잃지 않는다.

우리는 이 땅에서 수만 년을 살아왔다. 사람은 자연 속에 살고 있지만 인위적이고 인공에 의한 문화를 만들어 간다. 문화는 자연과는 상반된 개념이기도 하다. 그러나 우리 문화는 자연과 일치하려고 하는 데서 그 특징을 찾아볼 수 있다. 어느 것이고 다른 나라 문화에 비하면 자연에 더 가깝지만 그 가운데에서 우리 생활 문화의 소산인 오지그릇과 질그릇은 자연 그대로이다. 우리는 장독과 장독대, 오지그릇과 부엌이나 방에서 쓰는 질그릇의 조형과 여기 담겨졌던 구수하고 신선하고 맛있는 음식에서 잊힌 우리의 심성을 되찾을 수 있으리라고 생각한다.

# 광명단(光明丹)과 옹기

납을 주성분으로 한 화공 약품으로 '광명단'이라는 것이 있다. 광명단(鉛丹, Pb$_3$O$_4$)은 납을 산화하여 만든다고 하며, 그 색은 주홍이다. 오지에는 매용제(융제)로 사용되는데, 오지그릇에 입혀 구우면 붉은색이 나고 표면이 유리알같이 매끈매끈하고 반짝반짝 빛난다.

우리나라에 신문물이 소개되기 시작한 19세기 말엽에 광명단이 오지그릇에 입혀지기 시작하였다고 한다. 그 이후 일세 지하에서 광냉난을 입힌 오지그릇이 늘어나게 되고, 특히 2차 세계대전 중에는 더 성행했다. 광복 뒤에도 계속 전국에 만연되어 아주 극한 상황에 이르렀다.

납 자체인 광명단을 비록 적은 양이지만 사람이 자꾸 먹으면 생명이 위태롭게 된다. 더구나 광명단 유약은 산에 약하며 열에 약해서 김치를 담아 두거나 불에 오래 올려놓으면 납 성분이 음식물에 섞이게 될 것은 뻔한 노릇이다.

광명단을 매용제로 사용한 오지그릇에 대하여 업자들의 이야기를 들으면 실험 결과 섭씨 1200도가 넘는 고열로 굽기 때문에 납 성분이 모두 날아가고 규산연으로 변하여 인체에 해가 거의 없다고 한다. 실험 결과 아무 해독이 없었다고 한다. 그러나 과연 어떤 것을 가져다가 얼마나 광범위하고 진지하게 실험을 했느냐가 문제이다.

광명단 이외에 오지 유약에 넣는 화공 약품으로 역시 인체에 해로운 망간(Mangan)이 있다. 망간은 도자기에 착색제로 쓰는데, 오지 유약에 넣어 구우면 검은색이 된다. 결국 광명단과 망간이 같이 유약에 들어가게 되는데, 망간이 들어가면 오지의 빛깔이 새까맣고 번들번들 빛난다. 황토색과 철분의 산화색인 철색이 든 다양한 다갈색조의 우리 옹기 색

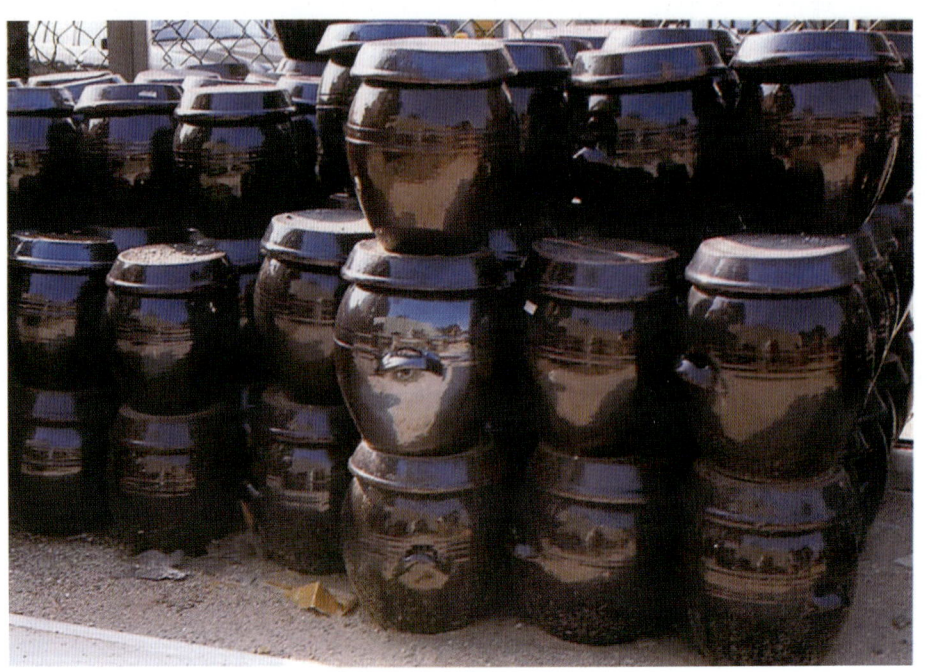

**광명단 옹기**  일제 치하 때부터 급속히 늘어나게 된 광명단 옹기는 매용제인 광명단과 착색제인 망간이라는 화공 약품을 사용함으로써 옹기의 자연적인 색과 본래의 기능을 저하시켜 사람에게 해롭다.

은 이렇게 광명단과 망간이 들어가 천박한 색으로 변하였고, 숨구멍을 막아 본래의 기능을 저해하게 되었다. 망간이 옹기 유약 속에 들어가는 것도 광명단이 들어가는 것같이 우리 본래의 옹기를 크게 해치는 것이며, 우리를 자연으로부터 자꾸만 멀어지게 만든다.

우리에게는 19세기 말 이후 서방 제국주의의 침략이 시작되다가 드디어 일제의 침략으로 우리의 전통과 문화는 뿌리째 흔들리게 되었다.

현재까지도 광명단 독이 우리나라를 뒤덮어도 어느 누구도 그것이 사람에게 해롭다는 것을 인식하지 못하고 있다. 우리의 역사에서 겉만 매끄럽고 반짝이는 것을 아름답다고 한 적은 없었을 것이고, 사람에게 해로운 것을 상관하지 않고 만들어 내는 사람들이나 이것만이 제일이라고 사서 쓰는 사람들도 옛날에는 없었을 것이다.

약토를 쓴 천연의 아름다움과 숨 쉬는 독을 조사하면서 독 짓는 영감님에게 "왜 사람들의 생명을 위협하는 광명단 독을 만드십니까?" 하고 물었더니 "나도 살기 위하여 만듭니다. 고생이 되더라도 약토 바른 독을 만들어 팔고 싶지만 아무도 사는 사람이 없습니다. 그러니 어쩝니까? 이제는 광명단 독 만드는 것조차도 사는 사람이 줄어들어 이 일도 그만 두려고 합니다." 하였다.

광명단 유약 독은 납의 독성뿐만 아니고 오지그릇 표면에 매끄러운 납 유약을 발라서 구우므로 그것이 독에 스며들어 모든 바람 구멍을 막아 버린다. 오지그릇을 만들 때 납이 섞인 유약을 입혀 구우면 연료비가 절감되지만 오지의 질이 약하여 두들기면 맑은 소리가 안 나고 탁한 소리가 나게 되며 쉽게 깨진다. 겉만 번드르르하고 속에는 독소가 있어 사람의 생명까지 위협할지 모르는 것이 지금 우리 모두가 쓰고 있는 반짝반짝 빛나는 광명단 독이다.

# 장독대

간장, 고추장, 된장, 김장은 뛰어난 발효 식품으로 우리의 양식이며 생활 바탕이다. 지방마다 집집마다 맛있고 특색 있는 음식 맛은 장독에 있다. 그렇기 때문에 우리 어머니, 할머니는 장독대를 소중하게 생각하고 정갈하면서 아름답게 간직했다. 소중함이란 집안 식구의 건강을 위함이고, 정갈한 가운데에 아름다움이라는 것은 자연과 일치하는 우리네의 심성과 같은 것이다. 정성스러운 인정과 토담이 어울려 한 폭의 그림과 같다.

장독대는 부엌과 가까운 뒤뜰 높직한 곳에 있게 마련이다. 양지바르고 바람이 잘 통하는 자연 속에 있어야 한다. 뒤뜰이 마땅치 않고 옹기종기 집이 들어선 곳에선 우물이나 수돗물이 가까우면서 높고 깨끗하고 양지바른 곳에 있었다. 장독대는 벌레가 범접하지 않도록 돌로 단을 쌓아 높게 만들고, 그 위에 돌을 깔고 다시 굄돌로 사방을 받치기도 하고, 네모반듯한 질벽돌로 장독받침을 따로 만들기도 한다.

장독대는 제일 뒤쪽으로 서너너덧 개의 큰 대독을 한 줄로 놓고, 그 앞에 조금 작은 중두리를 네다섯 개 놓고, 그 앞에는 좀 더 작은 독을 일고여덟 개 놓고, 맨 앞에 작은 항아리들을 놓는다.

경기, 서울의 독들은 홀쭉하고 연꽃 봉오리 형태의 꼭지가 달린 뚜껑들로 덮어 놓고 독들을 받치는 전돌이 있어 모양새를 더욱 돋보이게 하고 있다. 전라도의 장독은 배가 불룩하고 크며 투구 모양과 비슷한 삼층 둥근 탑 모양의 꼭지를 가지고 있는 뚜껑이나 소래기, 또는 소래라 불리는 큰 자배기 형태의 것들이 뚜껑으로 덮여 수십 개 무리를 지어 장관을 이룬다.

장독은 가지런하고 예쁘게 놓아 균형이 맞아야 한다. 옛날에는 장독

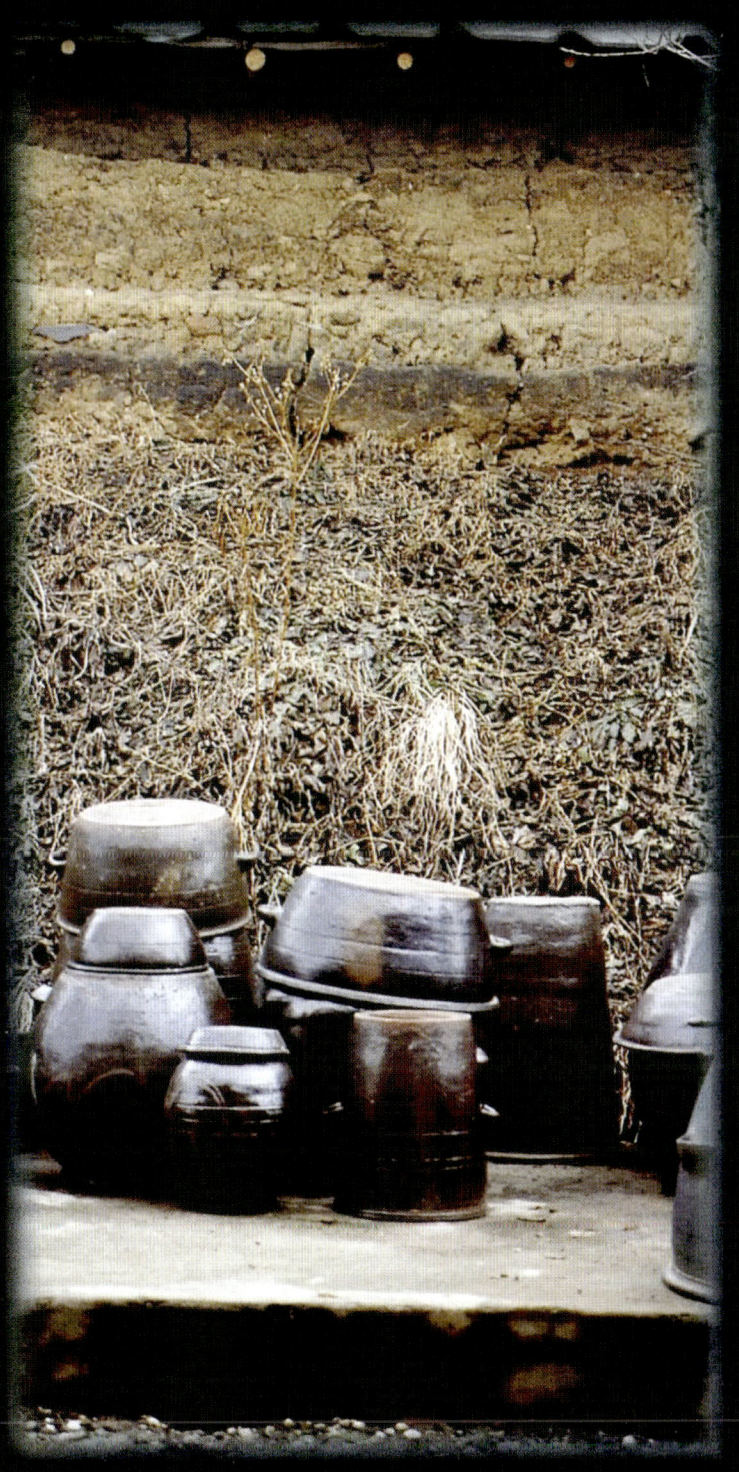

뒤뜰 높직한 곳에 자리 잡은 장독대의 모습은 토담과 어울려 한 폭의 그림과 같다.

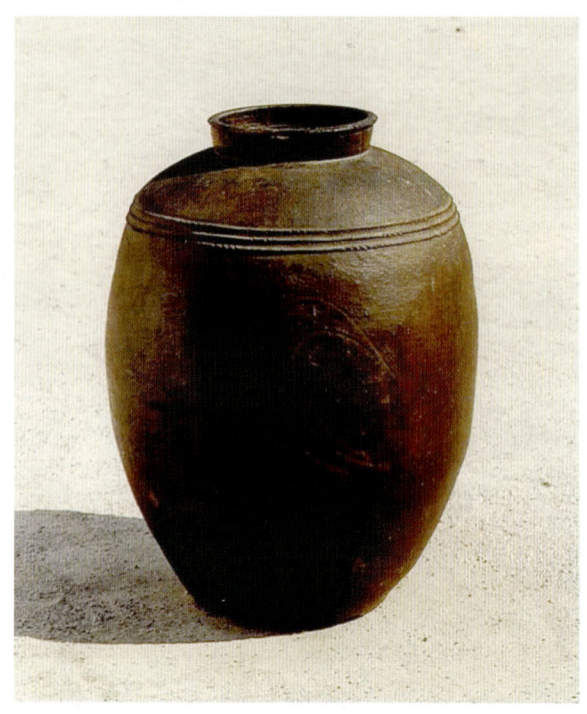

**충청도 독** 목 부분이 높고 밖으로 약간 벌려진 형태가 많고, 전체적으로 투박하나 견고한 모습이다. 높이 82센티미터, 구경 81센티미터

대의 자리가 좋고, 장독이 번듯하고 가지런하면 그 집안이 크게 일어날 것이라고 했으며, 이사 갈 때도 장독대부터 옮겨 놓았다. 주부는 매일 장독 주변을 정갈하게 하고, 장독을 깨끗이 닦아 주부의 정성으로 윤이 나야 한다. 시집갈 규수를 보러 온 매파나 시집 식구들은 장독대를 보고 그 집 주부의 규모와 사람됨을 알아보고 혼사를 결정하기도 하였다고 한다.

장독에 향하는 마음의 정성도 지극하다. 고사를 지내는 것은 집안의 평안함과 재앙을 떨쳐 버리는 큰 행사 가운데 하나다. 성주님과 삼신께

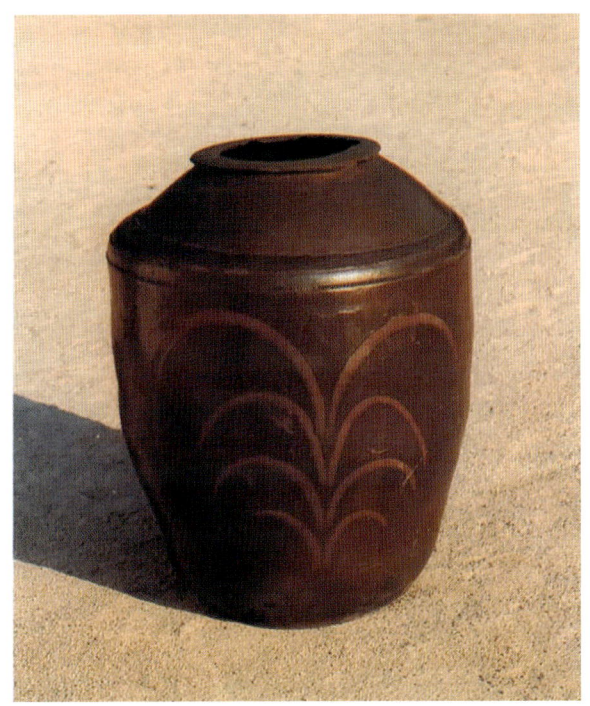

**경상도 독** 입 부분이 좁으며, 사진과 같이 어깨가 각이 진 것과 각이 지지 않고 전체적으로 둥근 형 등 두 가지가 있다.

는 물론이고 장독대에는 어느 집이고 빠트리지 않고 고사를 지낸다. 고사는 시월 상달 초사흘에 지내지만 장사하는 사람들은 5, 6월을 빼고는 매월 초사흘에 장독대에 고사를 지내고, 보름달이 뜨면 으레 정화수를 떠 놓고 빌기도 한다. 이것은 장이 변하지 않고 항상 맛있게 해달라는 주부들의 간절한 소망이다. 일반 여염에서뿐만 아니라 궁중에서는 대궐의 상당한 부분이 장독들을 보관하는 곳으로 사용하였고 이를 관리하는 상궁을 '장고마마'라 하여 '마마'라는 별칭을 붙일 만큼 대단한 우대를 하였다.

옛날 약토 잿물을 입혀 장작불에 구운 장독은 미끈하게 크고, 때로 풍
만하고 모두 너그럽게 잘생겼고, 구김살 하나 없다. 독은 물레장인이 신
명 나게 물레를 차면서 돌림대 위에서 휙휙 바람나게 만들어 낸다. 그래
서 생동감이 있는 우리 독의 색은 산화 번조로 황토색 그대로이다. 거기
에 자연과 상통하여 하나가 되어 살아 숨 쉬고 무엇이나 포용하는 너그
러움이 있다.

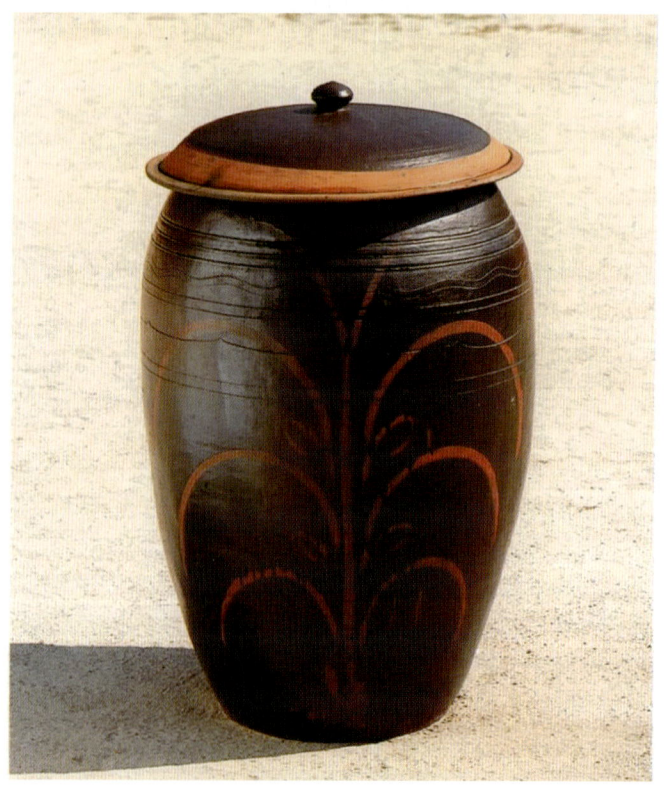

서울 독   경기, 서울 독들은 홀쭉하고 연꽃 봉오리 형태의 꼭지가 달린 뚜
껑들로 덮어 놓는다. 또한 환이 대부분 난 무늬이다. 높이 94센티미터, 둘레
199.5센티미터, 지름 37.5센티미터

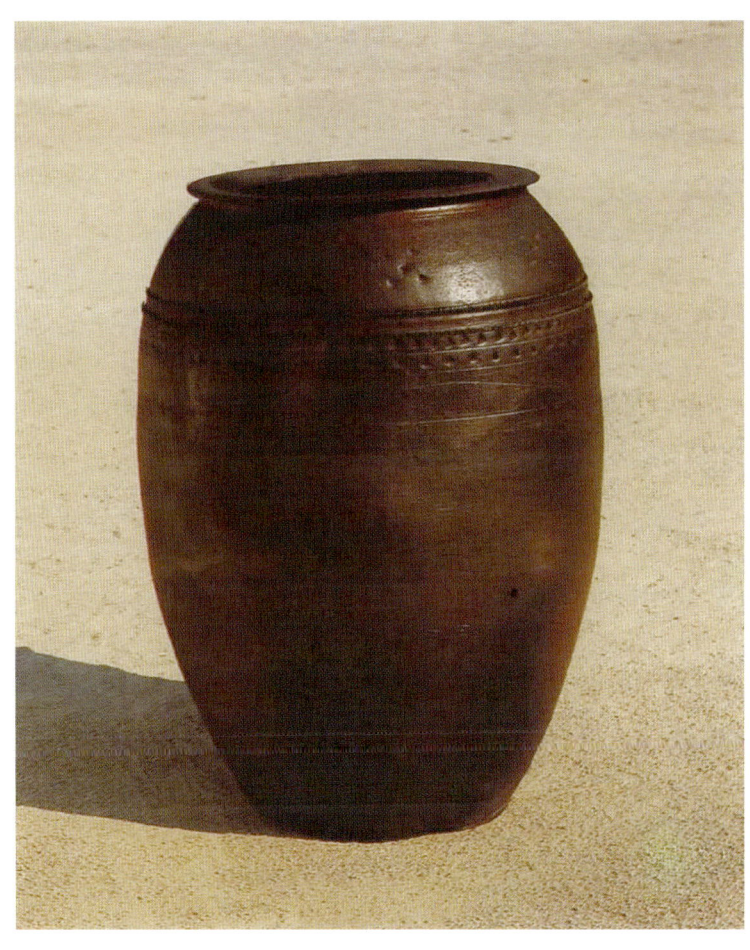

경기도 독  서울 독과 마찬가지로 입과 밑지름이 거의 같다. 높이 97센티미터, 둘레
160센티미터

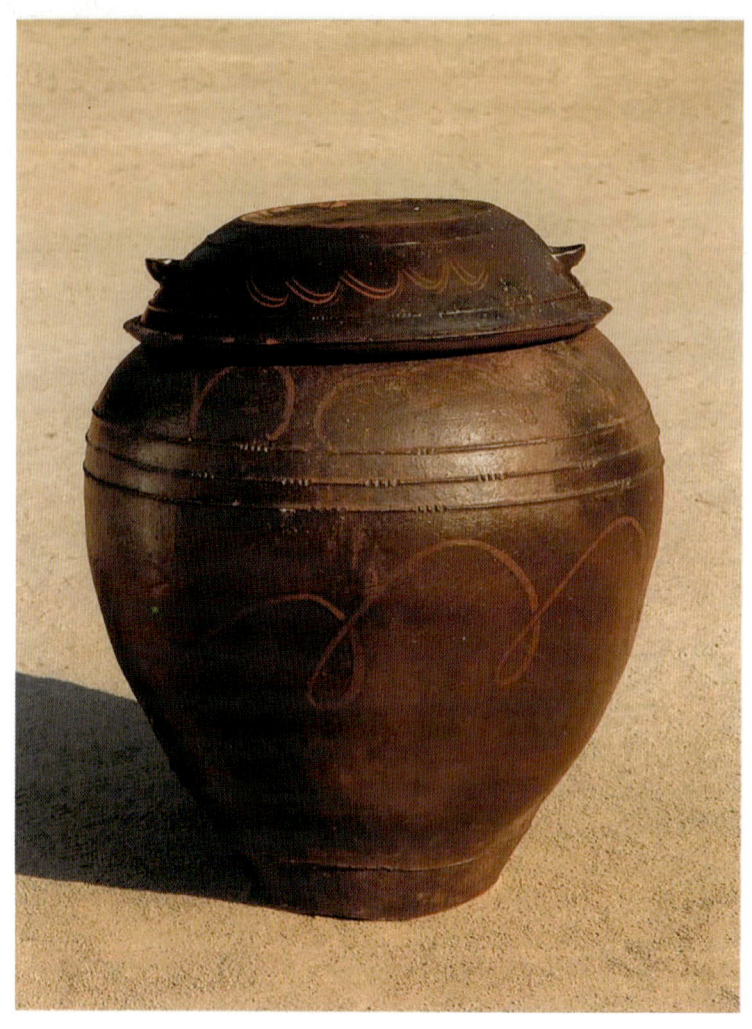

전라도 독  배가 불룩하고 크며, 투구 모양과 비슷한 삼층 둥근 답 모양의 꼭지가 있
는 뚜껑이나 '소래기'라 불리는 자배기 형태의 두껑을 덮는다. 높이 100센티미터, 둘레
297.5 센티미터, 구경 53센티미터

# 장독과 장

약토 잿물로 만든 무공해 독도 다 같은 것은 아니다. 같은 독이지만 오뉴월에 구운 독을 사면 쉰 독을 사기 때문에 음식이 쉬고 썩기 쉬워 곰마지가 끼어 못 쓴다고 한다. 오뉴월은 장마철이라 굽기 전 독이 잘 마르지 않은 상태이며, 가마도 마르지 않은 상태라 아무리 섭씨 1100도 이상의 고온으로 구워도 그 속에 있는 습기를 걷어 내지 못한다. 이런 것은 과학으로는 설명되지 않는 대자연이 지니는 조화의 오묘함이 아니 겠는가? 그래서 주부들은 겨울에 구운 독을 이른 봄에 사야 좋다고 하였 으며, 이 독은 사람들이 척 봐도 알고, 두드려 보고도 알았다. 늦가을이 나 겨울에 구운 독이라도 장을 담가 두어 소금적이 겉으로 배어 나와야 좋은 독이라 하고, 이러한 독을 가리켜 '독이 숨 쉰다'고 하였다. 겨울 독 을 사는 것은 물론이고 겨울 독이라도 너무 무거운 것은 나쁘고, 거칠거 칠하며 색이 검어도 나쁘며, 일그러져도 못 쓰고, 두드려 펑펑 소리가 나 도 나쁘다고 하였다. 좋은 독은 가벼운 편이고, 색이 노리끼리하고 불그 스름하게 예쁘고, 쇳소리가 나야 한다.

우리네 어머님들은 어떤 독에 한번 장을 담가 장맛이 좋으면 그 독을 귀히 여겨 계속 그 독에 장을 담았으며, 어떤 독에 처음 장을 담가 장맛 이 나쁘면 그 독에는 다시 장을 담그지 아니하였다.

옛날 독은 전이 넓어 독의 입 언저리가 크며, 장독은 클수록 좋고, 음 식이 적어도 큰 독에 담기를 좋아하였다. 크면 믿음직하고 마음에 여유 가 있어 든든하였다. 우리 선인들의 미리 앞을 내다보는 여유 있고 유장 한 생활에서 우러나온 정취라고 생각된다.

옹기그릇의 생김새와 이름은 지방마다 특징이 있었으나 지금은 모두 획일화되어 아무 재미가 없다. 지금 장독과 항아리나 방구리(물을 긷는

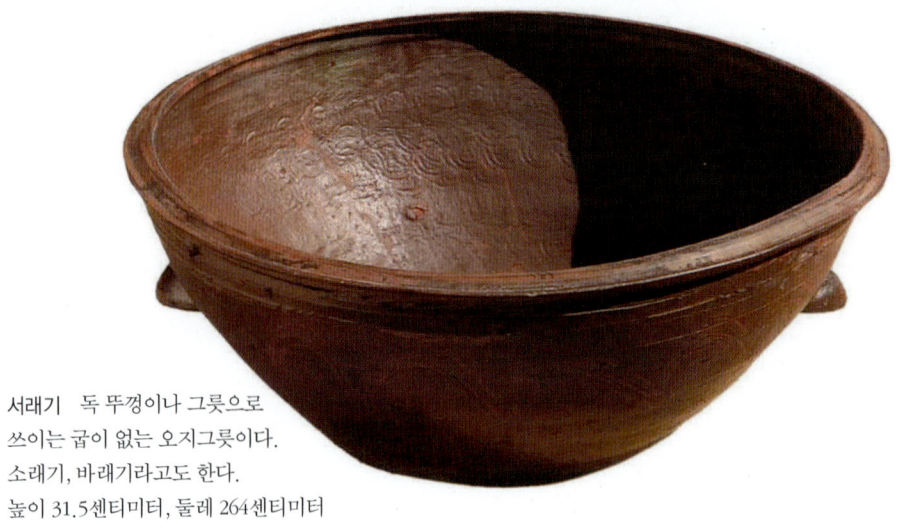

서래기 독 뚜껑이나 그릇으로
쓰이는 굽이 없는 오지그릇이다.
소래기, 바래기라고도 한다.
높이 31.5센티미터, 둘레 264센티미터

질그릇) 뚜껑은 모두 서래기(소래기; 독 뚜껑이나 그릇으로 쓰이는 굽이 없
는 오지그릇)를 쓰지만 몇십 년 전만 해도 꼭지가 달린 뚜껑이 있었으며,
오지그릇의 종류도 수십 종을 넘어 그 이름만 들어도 구수하고 익살스
러웠다. 대독, 중두리, 뱃독, 방구리 항아리, 알방구리, 알항아리, 시루,
자배기, 서래기(소래기, 바래기), 뚝배기(투가리), 옹배기, 동이, 약탕관, 초
병, 앵병, 청단지, 썰단지, 중단지, 청수동이, 옴박지, 알백이, 방퉁이, 동
우방퉁이, 꼬맥이, 맛탱이, 전달이, 중판대기, 툭사래기, 물버지기, 민놋
죽통, 멍챙이, 삼중단지, 소락지, 불백이, 푼주, 학독, 오지이남박, 연가
(煙家; 오지 굴뚝), 소줏고리, 부항단지, 깔때기, 두멍, 식소라, 귀대접, 귀
대야, 귀대동이, 기름병, 뱃탱이, 물두무, 단지, 버치, 뱃두리 등 용도에
따라 종류도 가지가지이고 고을마다 이름도 달랐으니 자연스러우면서
각기 특징 있는 다양한 형태와 이름이 옛 선인들의 너그럽고 풍요한 마
음가짐이라 생각된다.

# 장 담그는 정성

옛날부터 장은 잘생기고 좋은 독에 담갔다. 음력 정월 말[馬] 날인 오일(午日)에 장을 담근다고 한다. 지방에 따라서는 오일이 아니면 그믐손 없는 날에 담가야 장맛이 변하지 않는다고 한다.

장 담그고 3일까지는 외인(外人)의 출입을 삼가게 하고 특히 부정한 사람은 절대로 오지 못하게 하며, 남의 장 담근 것을 손가락으로 찍어 맛보지 못하게 하였다. 장 담그는 날에는 메주 한 덩이·붉은 고추·소금을 소반에 놓고 고사 지내고, 장 담글 때 같이 넣기도 하고 숯을 달궈 띄우기도 한다. 왼새끼를 꼬아 독어깨에 매어 놓기도 하며, 붉은 고추와 숯을 장독에 넣거나 이것을 청솔가지와 함께 매달기도 한다. 버선본을 종이로 만들어서 거꾸로 붙여 놓기도 하는데, 이것은 장맛이 변했더라도 다시 제맛으로 돌아오라고 붙이는 것이다.

음력 정월 무오일(戊午日)에 장을 담그면 제일 좋고, 신일(申日)에 담그면 장맛이 시어지고, 사일(巳日)에 담그면 가시(구더기)가 생긴다고 한다. 이것은 모두 악귀나 악신을 막고 병균과 멀레를 막는 수단이다. 적색과 청색, 백색 등은 양색(陽色)이며, 적색과 청색은 양색 가운데 제일이라 하여 독에 매달거나 장에 넣으면 잡귀나 도깨비가 양색을 싫어하여 범접하지 못한다. 또한 잡귀나 도깨비가 장맛을 먼저 보면 장맛이 변한다고 하므로 이를 막기 위함이다. 숯은 도깨비와 잡귀를 물어뜯어 꼼짝 못 하게 하며, 손은 잡귀를 뜻하므로 손 없는 날은 잡귀가 떠돌아다니지 않는다고 한다.

질그릇은 흑도(黑陶)에서 비롯되었다. 흑도가 발전하여 삼국 초기에는 와질 토기(瓦質土器)가 되고, 여기서 다시 고화도 환원 번조 상태에서 신라·가야시대에는 치밀질에 가까운 토기가 되었다. 여기에 회유(灰釉)

를 입혀서 이른바 회유 토기(灰釉土器)가 되며, 회유 토기의 단계에서 청자(靑磁)와 백자(白磁)로 이어진다. 치밀질 토기는 청자, 백자와 같이 계속 이어졌지만 고려 이후로 점차 쇠퇴하게 되었다. 그 이유는 청자와 백자의 수요가 증대하고 토기의 수요는 급격히 줄어들었기 때문일 것이다. 그러나 토기는 토기대로 용도에 따라 자기가 지니고 있지 않은 사용하기 편리한 특징을 가지고 있다.

토기는 다공질(多孔質)로 숨을 쉬며, 아주 큰 것도 만들기가 쉽고 자기보다 가벼우므로 다루기가 쉽다. 그뿐 아니라 열에 강하고 그 가격이 저렴한 것 등 우리 생활에 없어서는 안 될 존재였다. 그러므로 토기도 치밀질 석기(炻器) 계통과 치밀하지 않은 연질 토기(軟質土器; 질그릇)가 병행하였다. 이 두 가지 가운데에서 치밀질 석기 계통은 일부 자기로 발전·이행되었고, 또 일부가 오지그릇으로 이행되었으며, 나머지는 그 입지가 약해져서 소멸하였을 것이고, 연질 토기는 질그릇이 되었다.

질그릇은 고려에서 조선조로 이행되면서 생활이 다양해지고 풍요롭게 됨에 따라 특수한 용도에 쓰이는 특수 용기로 발전하였다. 질그릇도 고려 말 조선 전기까지도 환원 번조로 만든 토기였으나 그 질이 석기보다는 연질이었다.

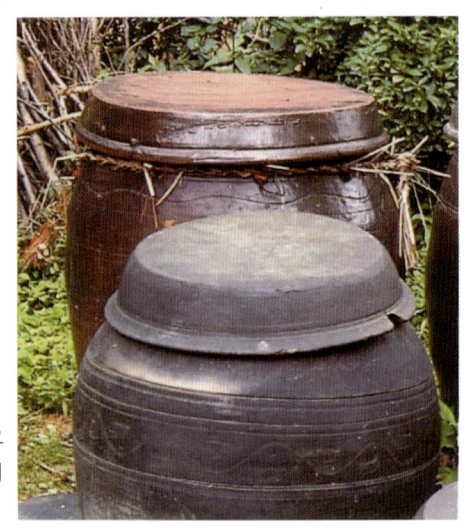

장을 담근 독   왼새끼를 꼬아 붉은 고추와 숯을 끼어서 독어깨에 맨다. 이는 장맛이 변하지 말라고 한 것이다.

그 이후 불완전 환원(不完全還元)을 절묘하게 하게 되어 검댕을 많이 입힌 것, 검댕을 입히면서 표면을 마연하고 암문(暗文)을 시문(施文)한 것, 화도(火度)를 더 낮추어 아주 연약하게 만든 것 등 다양한 전개를 하고 있다.

첫째, 검댕을 많이 입힌 것은 질그릇이 가지는 숨 쉬고 수분을 조절하고 불에 잘 견뎌 내는 기본 작용 이외에 청정 작용을 할 수 있을 것이며 둘째, 굽기 전에 마연하고 암문을 시문하면 표면을 자연스럽고도 아름답게 꾸밀 수 있으며 셋째, 화도를 낮추면 불에 더욱 잘 견딜 수 있기 때문이다.

떡은 반드시 질시루에 쪄야 제맛이 나고, 밥은 질밥통에 넣어 두어야 아침에 한 밥이 저녁까지 제맛을 잃지 않으며, 질화로는 불에 터지지 않고 불을 오래 간직한다. 우리는 이 땅에서 수만 년을 살아왔다. 사람은 자연 속에 살고 있지만 인위적이고 인공에 의한 문화를 만들어 간다. 문화는 자연과는 상반된 개념이기도 하다. 그러나 우리 문화는 자연과 일치하려고 하는 데서 그 특징을 찾아볼 수 있다. 우리 문화는 어느 것이고 다른 나라 문화에 비하면 자연에 더 가깝지만, 그 가운데에서도 우리 오지그릇과 질그릇은 자연 그대로이다. 우리는 장독과 장독대와 오지그릇과 부엌과 방에서 쓰이는 질그릇의 조형과 여기 담겼던 구수하고 신선하고 맛있는 음식에서 잊힌 우리와 우리의 심성을 되찾을 수 있으리라고 생각한다.

화로 위에서 보글보글 끓는 된장찌개의 구수한 냄새며 봄에 먹는 김치찌개의 맛, 겨울 통김치의 신선하고 그 무어라 형용할 수 없는 맛을 모르면 어디 사는 참맛을 안다고 하겠는가! 우리 선인의 오랜 정성과 슬기의 소산이며 우리의 인정미가 담뿍 어린 옛 우리 오지와 질그릇의 멋을 되살리면 우리의 착한 심성이 지금에 되살아나리라 생각된다. 그래서 다시 우리 생활에 여유와 건강함과 익살스러움을 되살리게 되고, 언제나 자연의 아름다움과 함께할 수 있을 것이다.

# 옹기의 쓰임새

석기시대 이후로 인간은 물에 흙을 구워 만든 그릇들을 끊임없이 발전시켜 사용해 왔다. 토기 이후 자기의 등장과 같은 발달이 있는가 하면 질그릇과 같이 선사 이후의 제작 기법으로 변함없이 사용되는, 곧 문화의 발전과는 별도로 의연히 그 구습을 지켜오는 것도 있다.

## 식생활 속의 옹기

### 발효 식품과 옹기

우리나라 식품의 가장 큰 특징은 발효 식품이 모든 식품의 기본을 이루고 있는 점이다. 사람이 식품을 갈무리하는 방법과 조리하는 방법으로는 불에 굽거나 햇빛에 말리거나 연기에 그을리거나 물에 찌거나 삶고 데치는 것과 기름에 튀기고 지지기도 하는 등 대체로 열을 가하는 방법이 대부분이나 미생물을 이용한 발효 방법은 식품의 본질을 파괴하지 않고 그대로 유지하는 가장 발달된 조리 및 갈무리 방법이다.

우리가 발효 식품의 종주국이라 불릴 수 있을 만큼 식품 저장이 발달된 것도 옹기라는 우수한 저장 기구가 있었기에 가능함을 알 수 있다. 장의 원료인 콩은 곧 우리의 옛 땅인 만주가 원산지로서 재배법이 일찍부터 발달하였고, 삼면이 바다로 둘러싸여 풍부한 수산 자원이 있고, 비옥한 대지에서 재배되는 질 좋은 채소와 함께 알맞은 기후에서 생성되는 미생물들이 어우러져 장과 젓갈과 김치가 발달되었으며, 이를 더욱 발달시키는 데는 옹기의 역할이 매우 컸다.

이는 일찍이 중국 고대의 역사서인 『삼국지』 '위지 동이전'에 고구려 사람들이 발효 식품을 잘 만들었다는 기록과 3세기경 고구려 고분(古墳) 벽화에 우물과 함께 그려진 여러 개의 독들을 보면 오늘날의 독들과 씀씀이가 같았음을 짐작하게 하며, 그 시대의 발효 식품과 옹기들을 추측할 수 있는 좋은 자료라 할 수 있다.

된장·고추장·간장·김치·젓갈, 술 등은 '독'이라 불리는 큰 옹기들과 '단지'라 불리는 조그마한 옹기 속에서 만들어지며, 이들은 우리에게 단백질·비타민·칼슘 등의 중요한 영양들을 공급하는 식품이 된다. 이 독들은 삼국시대 이전부터 생활에 사용되어 고려, 조선을 거쳐 우리 식생활에 긴요한 옹기들이 되었다. 생김새와 문양들도 지방마다 그 지역의 특성들이 잘 드러나 있다. 이와 같이 맛과 멋에 있어서 그 깊이를 측량하기 어려운 귀중한 유산들을 우리가 물려받았다는 것은 큰 자랑거리가 아닐 수 없다.

장류뿐만 아니고 우리 밥상에서 가장 중요한 반찬인 김치 또한 옹기와는 뗄 수 없는 인연이다. 사계절 가운데 거의 절반에 가까운 11월부터 3월까지 야채가 나지 않는 긴 겨울 동안 생명의 필수 영양인 비타민을 공급하기 위하여 우리 조상들은 배추, 무, 갓, 파 등을 배추김치, 깍두기, 갓김치 등으로 담아서 큰 독들에 넣어 양지바른 곳에 '오가리'라는 짚으로 둥글게 엮은 가가(假家) 속에 묻어 놓고 겨우내 먹었다.

조선시대 풍속을 노래한 가사 가운데 하나인 〈농가월령가〉 10월 중에 다음과 같은 가사가 있다.

......
무우 배추 캐어 들어
김장을 하오리라
앞 냇물에 정히 씻어
함담을 맞게 하소
고추 마늘 생강 파에
젓국지 장아찌라
독 곁에 중두리요
바탕이 항아리라.
......

이 김치들은 겨울에는 큰 독이나 중두리에 담지만 음력 정초에는 땅속에 묻어 둔 무를 꺼내어 방에서 기른 움파를 썰어서 나박김치를 담가 작은 단지에 담는다. 여름엔 작은 단지에 열무김치를 담그는데, 여름에 김치를 담는 단지 가운데 지리산 자락의 산악 지대에는 단지의 어깨에 전이 달려 개울에 놓으면 어깨 위와 아래가 시원한 물에 잠길 수 있도록 되어 있는 것도 있다.

주막집에 인심 좋게 생긴 주모가 들고 나오는 개다리소반 위에 뜨끈 뜨끈한 국밥이 담긴 뚝배기, 깍두기 한 보시기, 오지 술병에 철철 넘치는 뿌연 막걸리 한 잔은 생각만 하여도 우리의 마음을 훈훈하게 해 준다.

주로 곡식을 발효시켜 만드는 우리의 술도 이상적인 제조 용기인 옹기에 의해 숙성됨은 두말할 필요가 없다. 명절이나 제사가 가까워지면

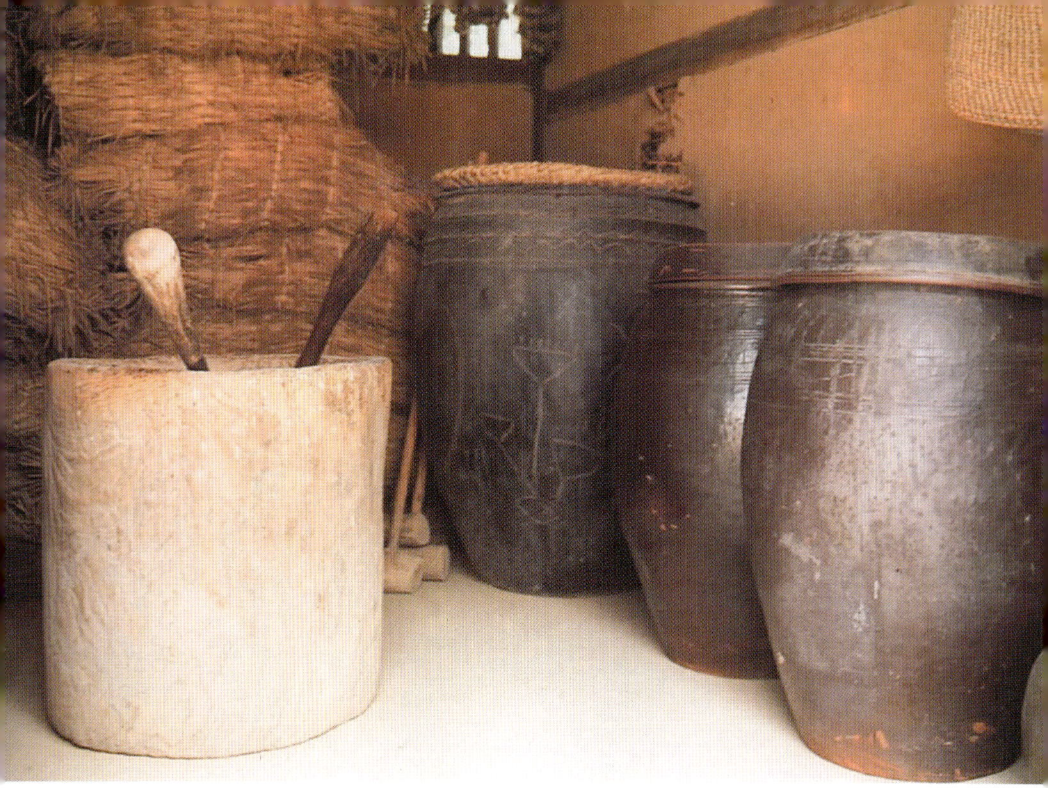

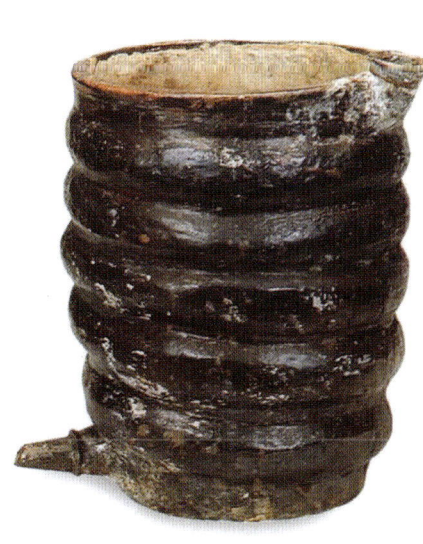

장광 안에 있는 큰 독들  살림 규모가 큰 집
들은 창고인 장광에 곡식들을 담는 큰 독들
이 있다. (위)
소줏고리  술을 담아 증류시켜 소주를 만드
는 용기이다. 높이 42센티미터, 둘레 108.5
센티미터. (왼쪽)

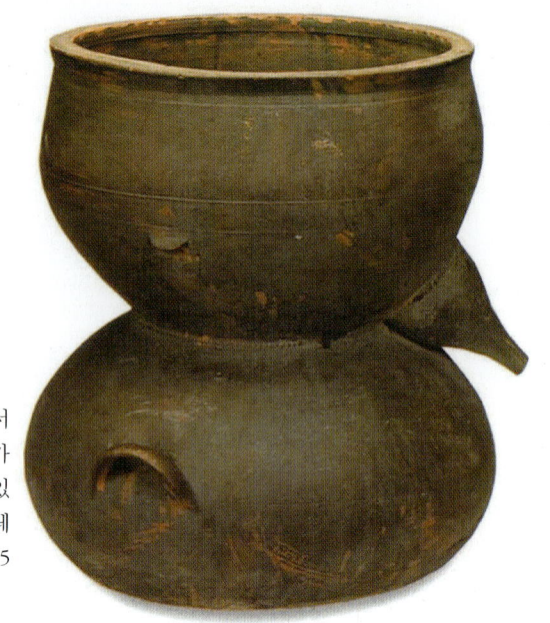

소줏고리  경상도 지방에서 사용하였던 것으로, 꼭지가 불룩하고 특유의 문양이 있다. 높이 53센티미터, 둘레 위 118센티미터, 아래 145 센티미터

안방의 따뜻한 자리에서 누룩과 지에밥이 퀴퀴한 냄새를 풍기면서 부글부글 끓어오르며 웅크리고 앉아 있는 옹기를 기억해 내는 사람들이 더러 있을 것이다.

일제시대 이후 우리나라의 주세 제도가 개혁되어 여러 종류의 가양주(家釀酒)들이 없어지고 주류 문화가 붕괴되면서 양조장엔 관허가 되어 있는 술독들만이 놓이게 되었다.

막걸리나 청주를 빚는 독말고 증류주로 구별되는 소주를 고아내는 소줏고리도 가만히 들여다보면 지방마다 특유의 모양을 내고 있다. 이밖에 술을 운반하는 술장군, 술을 담는 술병들도 용기가 많다. 고려의 풍속이 잘 기록된 『고려도경(高麗圖經)』에 다음과 같은 주목할 만한 기록

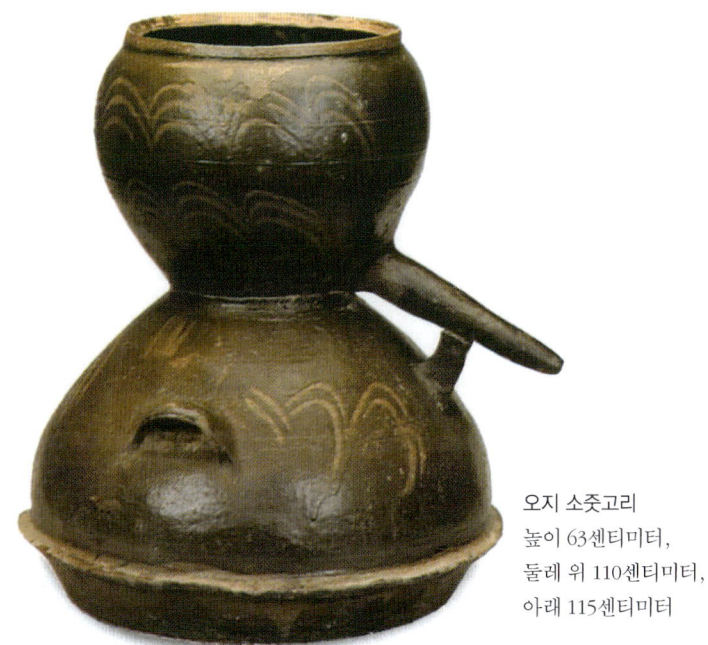

오지 소줏고리
높이 63센티미터,
둘레 위 110센티미터,
아래 115센티미터

이 있다.

　고려에는 찹쌀은 없고 멥쌀에 누룩을 섞어서 술을 만드는데 빛깔이 짙
고 맛이 독해 쉽게 취하고 속히 깬다. 왕이 마시는 것을 '양온(良醞; 맛있
는 술)'이라고 하는데 좌고(左庫)의 맑은 법주(法酒)이다. 거기에도 두 가
지 종류가 있는데, 와준(瓦樽; 질그릇으로 만든 술병)에 담아서 황견(黃
絹)으로 봉해 둔다.

　이 대목을 보면 보통 술을 대접할 때는 청자병을 써도 보관하는 데는
역시 질그릇 병을 썼던 것을 알 수 있다.

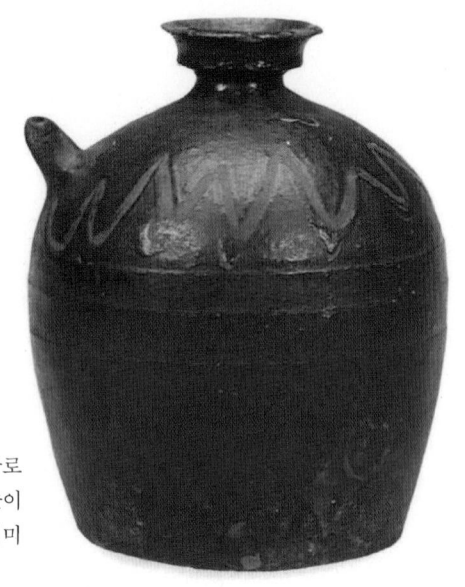

초병 식초를 제조하는 기구로
부뚜막 따뜻한 곳에 있다. 높이
28센티미터, 목둘레 18센티미
터, 둘레 75센티미터

재래 식초는 주정 발효가 더욱 진행된 뒤에 식초를 만들게 되는데, 바람이 불어도 꺼지지 않도록 고안된 부엌 등잔이 밝혀 주는 부뚜막 따뜻한 곳에 놓여 있는 초병이 바로 식초를 제조하는 기구였다. 시어진 막걸리를 담아 더 시게 만들어 맛있는 초를 빚어내는 슬기로운 도구이다.

부엌을 계속 살펴보면 살림 규모가 큰 집들은 부엌말고도 반찬을 장만하는 '반빗간'이라 부르는 마루방과 마루방 옆의 창고인 '장광'이 있는데, 이곳엔 곡식을 가득 담은 큰 질독들과 젓갈독들도 보관되어 있기도 하다. 젓갈에 따라서 장독대에 놓이는 젓갈독이 있고, 장광에 놓이는 새우젓·멸치젓·조기젓을 담는 큰 독들이 있고, 곤쟁이젓·소라젓 같은 것을 담는 작은 독들도 있다.

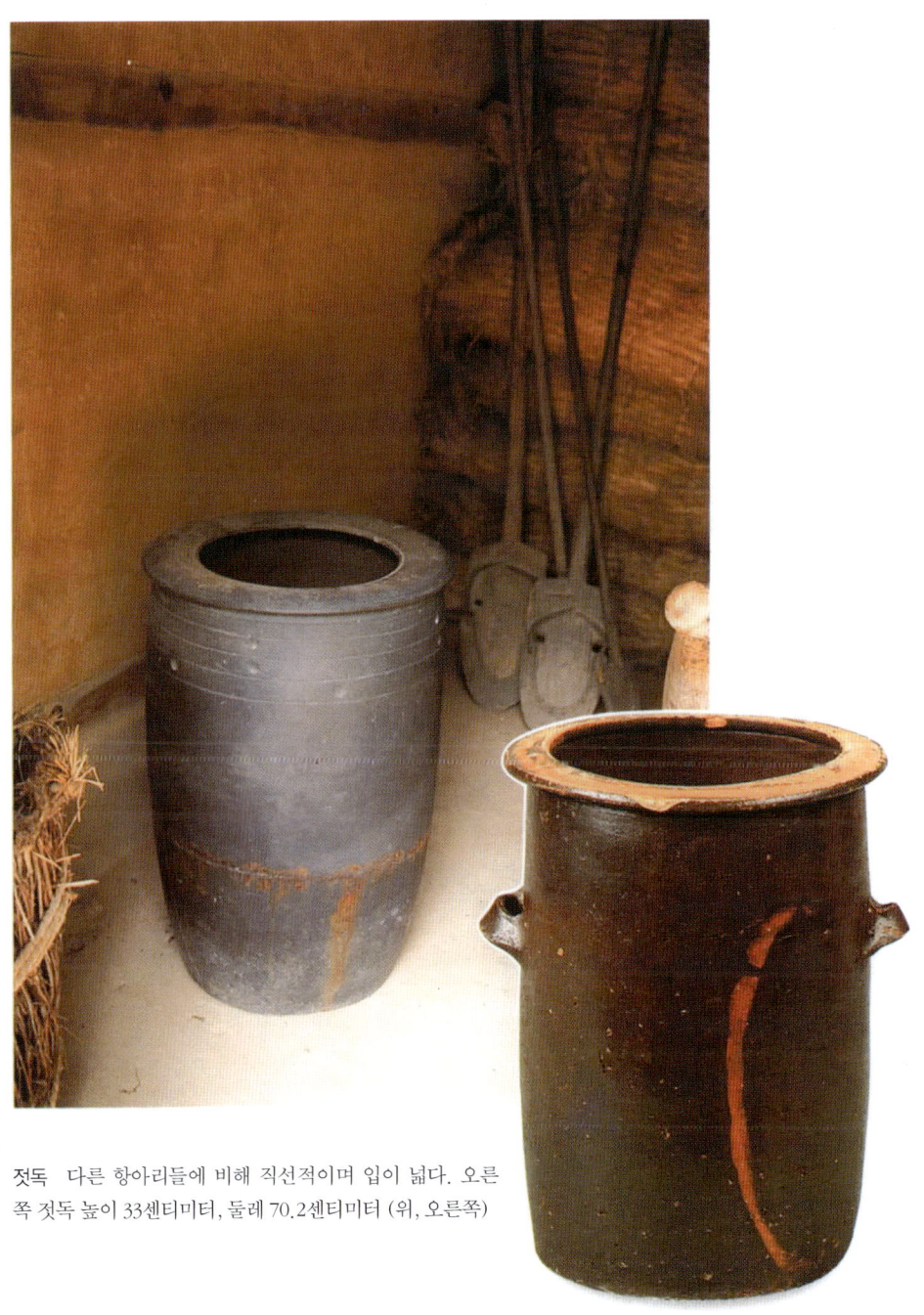

**젓독** 다른 항아리들에 비해 직선적이며 입이 넓다. 오른쪽 젓독 높이 33센티미터, 둘레 70.2센티미터 (위, 오른쪽)

## 양념 기구

한국 음식의 특색 가운데 하나가 양념이다. 양념은 대개 ‘약념(藥念)’
이란 말로도 통하듯이 우리 민족은 식품 개체의 맛보다는 복합적인 맛
을 즐기는 편이다. 그래서 무슨 음식이든지 맛을 제대로 내려면 갖은양
념이 반드시 들어가게 되어 있다. 한 개 혹은 둘, 셋, 넷, 다섯, 많으면 열
개까지의 작은 단지들이 모여 이루어진 양념단지는 보기에도 앙증스럽
게 조형을 이루어 보는 이들의 감탄을 자아내게 한다. 양념을 가는 기구
로는 ‘마자’와 ‘확’이 있는데, 마자는 가는 부분을 동그랗게 하였고 손잡
이가 달린 것이 보편적이다. 보리쌀을 씻는 데 쓰던 확은 좀 엉성하고,
양념을 가는 것은 섬세하게 되어 있다. 이 마자와 확은 부엌살림살이로
요긴하게 쓰였던 도구들이다.

양념 단지  작은 단지들이 모여 이루어진
양념단지는 보기에도 앙증스럽게 조형을
이루고 있다. 2개로 된 것─높이 12센티미
터, 길이 25.6센티미터, 입구 둘레 29센티
미터. 4개로 된 것─높이 8.8센티미터, 가로
20센티미터, 세로 20센티미터

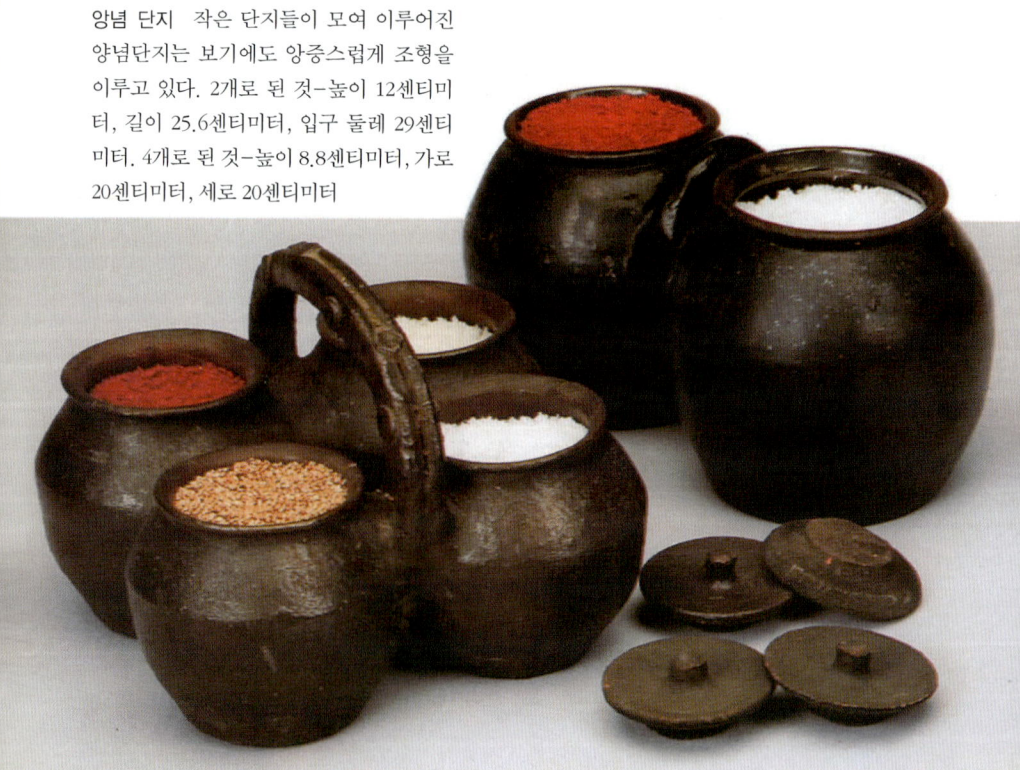

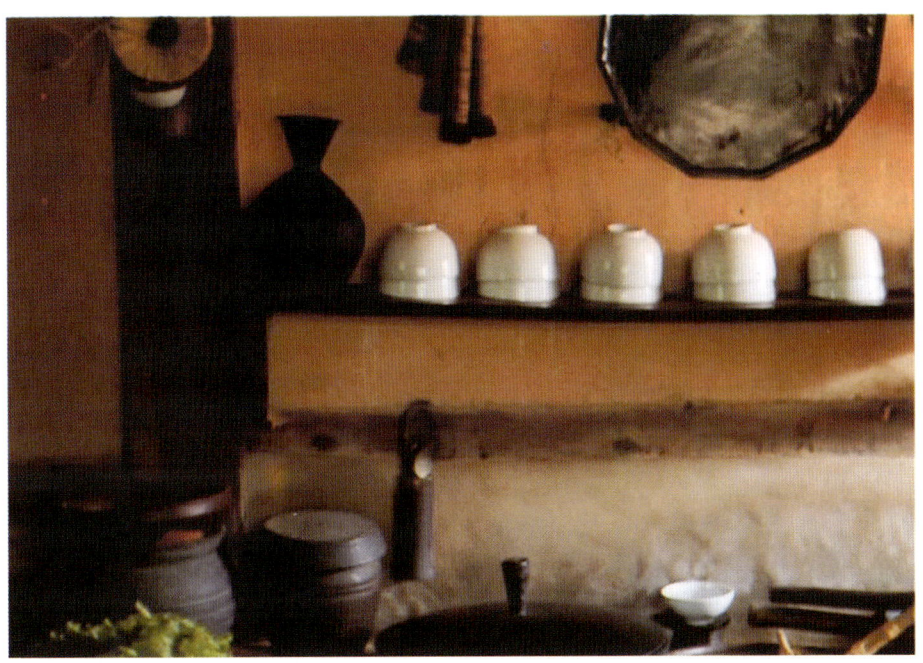

부엌 안의 모습　일제시대 대량 생산된 사기그릇 때문에 옹기 수효가 점차 줄어들었다.

### 뚝배기

우리 음식 문화의 또 하나의 특징은 온식 문화라고 할 수 있으며, 이를 뒷받침하던 식사 기구가 바로 뚝배기이다. 서민의 식사 기구로서 한국 사람의 보통성, 인내성을 이야기할 때 '뚝배기 같은 사람'이라고 말을 하듯이 뚝배기는 아직 우리 곁에서 우리의 정서를 대변해 주고 있다. 아주 추운 겨울에는 따끈한 국을 즐겼고, 더울 때는 더위를 열로 이기려는 이열치열(以熱治熱)의 관습으로 육개장, 개장국, 삼계탕 등의 더운 음식을 먹는 한국인의 습성이 있었다.

음식점이나 대중 급식을 요하는 장소에서는 국밥보다 더 간단한 음

식도 없었고, 더운 국밥을 먹는 데는 뚝배기만큼 더운 온도를 보존시키
는 그릇이 없다.

## 오지솥과 질솥

앞서 말했듯이 식사할 때 꼭 국이 필요하여 여러 종류의 국들이 발달
하였거니와 국을 끓이는 데도 뼈나 내장 등의 동물성 식품을 오래 고아
야 하는 음식에서는 이 옹기솥만큼 좋은 것이 없다. 은근한 불을 '문화
(文火)'라고 부르고 맹렬한 불을 '무화(武火)'라고 부르는데, 이 문화라 일
컫는 은근한 불에 뼈나 내장을 한나절 또는 하루 내내 푹 고아내는 그릇
에는 옹기솥이 가장 적합하다.

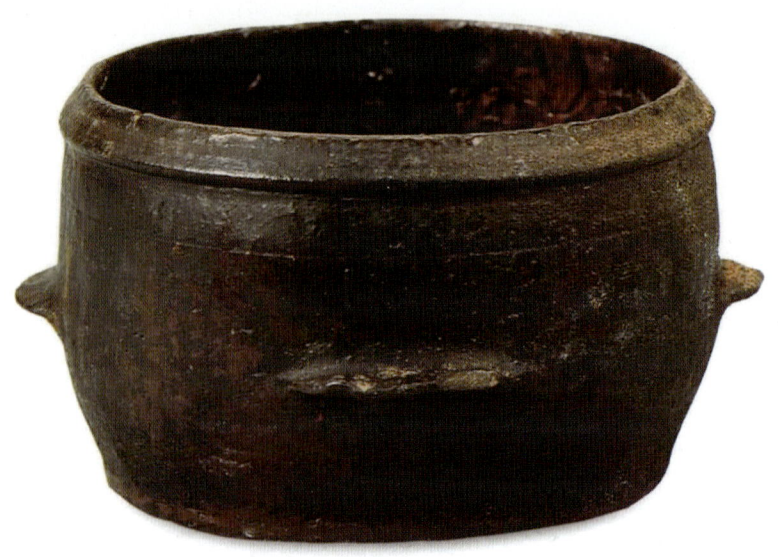

오지솥   높이 17.5센티미터, 둘레 19.5센티미터, 지름 27센티미터

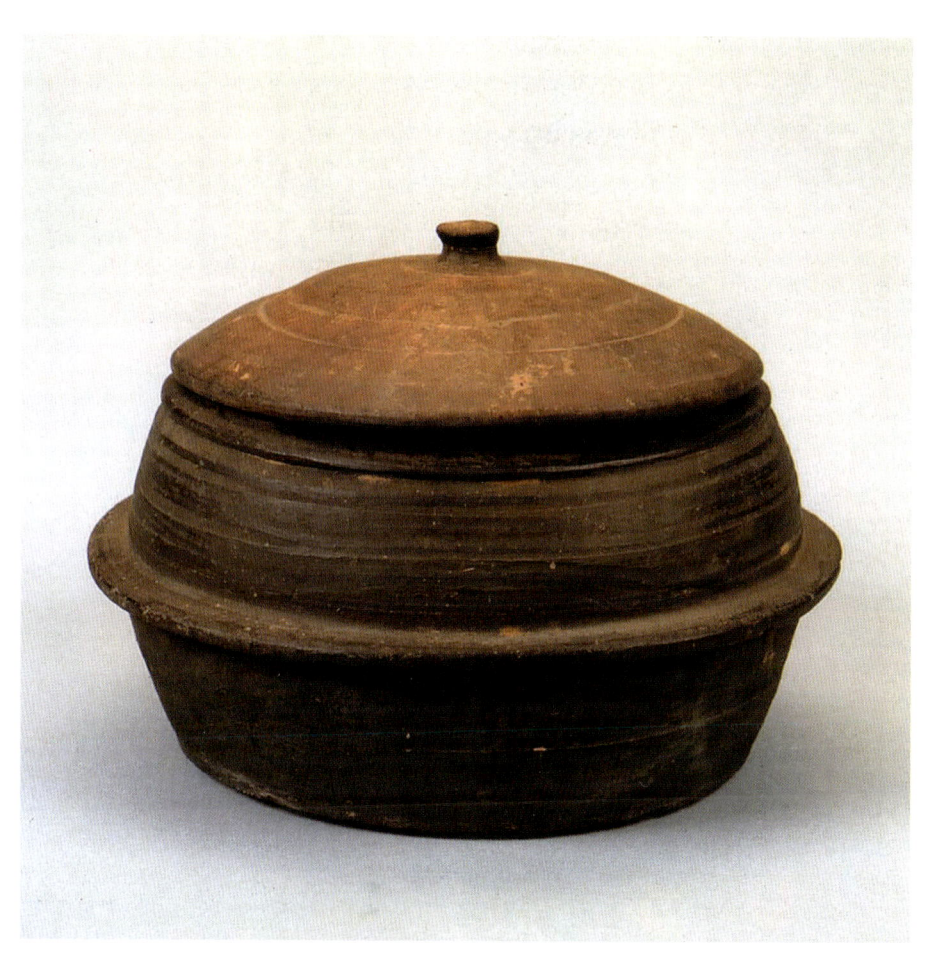

질솥   높이 20센티미터, 둘레 77.8센티미터, 구경 19센티미터

## 시루와 떡살

시루와 떡살은 한반도에서 농경 생활이 시작되어 거기에 알맞은 식생활을 할 때부터 시작되었다는 설이 있다. 많은 시루들이 옛 유골들과 함께 출토되기도 하는데 이것으로 미루어 보아 시루가 오래된 조리 기구임을 알 수 있다.

농업 위주의 우리 생활에 떡은 하늘과 모든 신들에게 제사 드리는 제물이요, 특별한 잔치가 있을 때 즐기는 귀중한 식품이다. 곡식을 가루로 내어 증기를 이용하여 쪄내는 시루는 질그릇으로 만들어진 것이 대부분이다. 이는 올라오는 습기를 시루 자체가 빨아들여 서서히 열과 함께 전달되기 때문에 떡을 골고루 찌는 데 안성맞춤이다.

질시루  곡식을 가루로 내어 증기를 이용하여
쪄내는 기구로, 질그릇으로 만들어진 것이
대부분이다. 높이 20센티미터,
둘레 134센티미터

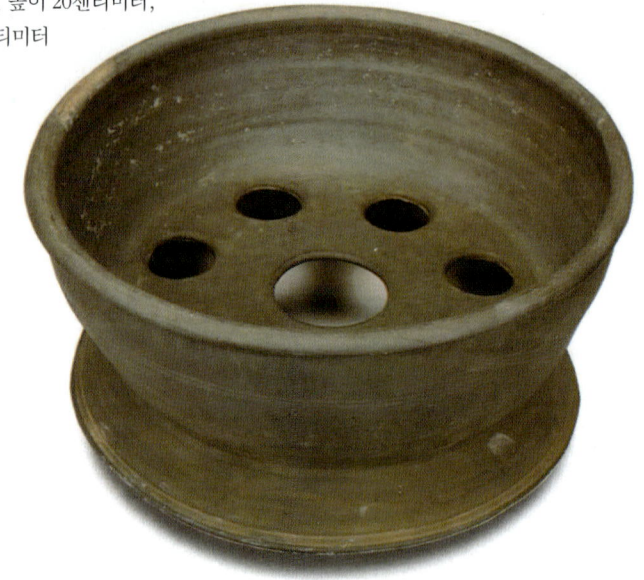

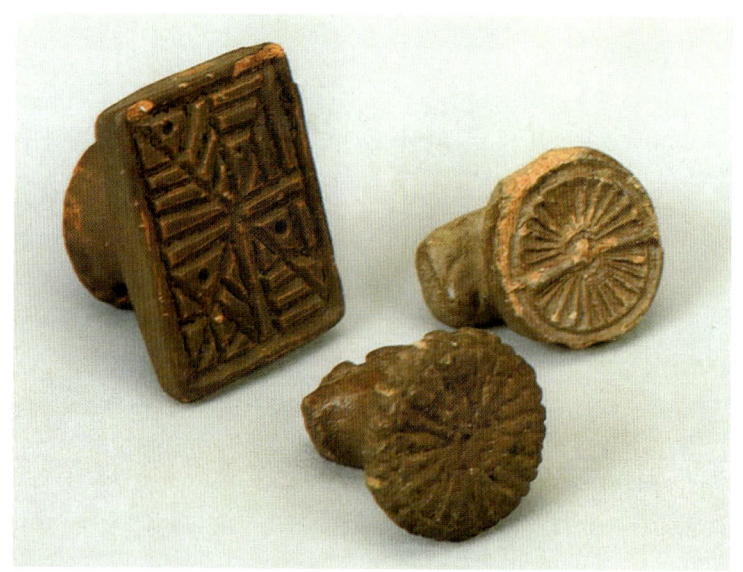

**여러 가지 문양의 떡살들** 절편에 문양을 박는데, 자기나 나무로 만들어진 떡살이 대부분이지만 옹기로 만든 것도 있다.

시루라도 형태나 색깔별로 쓰임새가 달라서, 뉘도 없고 싸라기도 없이 정갈하게 쌀을 골라 가루를 내어 하얀 백설기를 쪄서 시루째 신에게 제사 드리는 시루가 '치성 시루'이다. 이것은 대개 무당이 산이나 절에 치성을 드리러 갈 때 사용되는 시루이고, 집안에 고사를 지낼 때 또는 함이 들어올 때 봉치를 올려놓는 '봉치 시루'는 가능한 한 질시루를 피하고 붉은 오지 시루를 택한다. 그 이유는 붉은 팥떡과 함께 척사(斥邪)의 의미가 내포되어 있기 때문이다.

이와 같이 찌는 떡말고도 치는 떡이 있는데, 찌는 떡에는 시루를 사용하였다면 치는 떡에는 떡살이 사용되어 무늬를 박았다. 이것은 '절편'이라 부르는 떡에 여러 가지의 문양을 박는데, 자기로 만든 떡살이나 나무로 만들어진 떡살이 대부분이지만 옹기로 만든 것도 적지 않다.

## 물과 옹기

부엌살림에 무엇보다도 중요한 것이 물두멍이다. 아무리 큰 대갓집이라도 우물은 담 밖에 두는 것이 보통인데, 모든 절약 가운데 가장 기초가 물의 절약이라고 여겼기 때문이다. 물은 지게로 지어 나르거나 아낙네들이 동이를 이용하여 나르기도 하는데, 여자아이들은 예닐곱 살만되면 벌써 '수박동이'라는 조그마한 물동이를 이고 물긷는 훈련부터 했다. 우물가의 물긷는 아낙네의 모습과 물동이를 머리에 이고 동네 어귀에 접어드는 여인네의 모습은 우리나라 옛 풍경에서도 가장 정겨운 고향의 모습이다.

이렇게 운반된 물은 다시 물두멍에 담아 쓰는데 첫째는 물을 아끼려는 조상들의 검약 정신이요, 둘째는 물을 가라앉혀 정수해 먹으려는 지혜의 두 가지 효과를 노렸다.

이 물두멍은 다른 독들보다 키가 작고 운두가 넓어 물 뜨기에 편리하도록 되어 있고, 독 가운데에서도 아름다운 형태와 물고기 문양이 많이 발견된다.

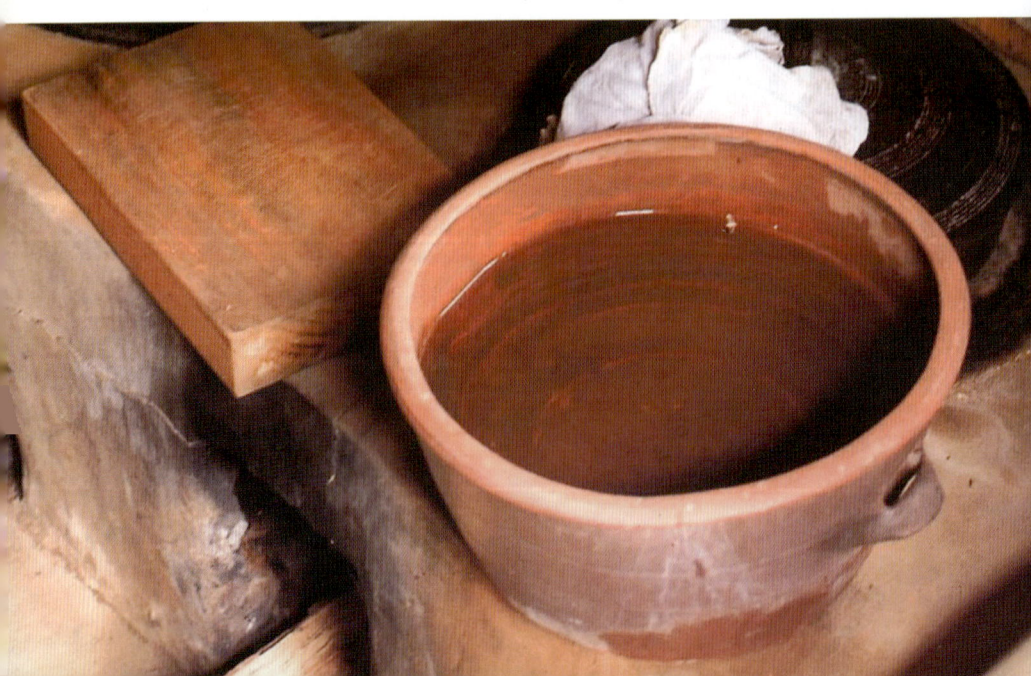

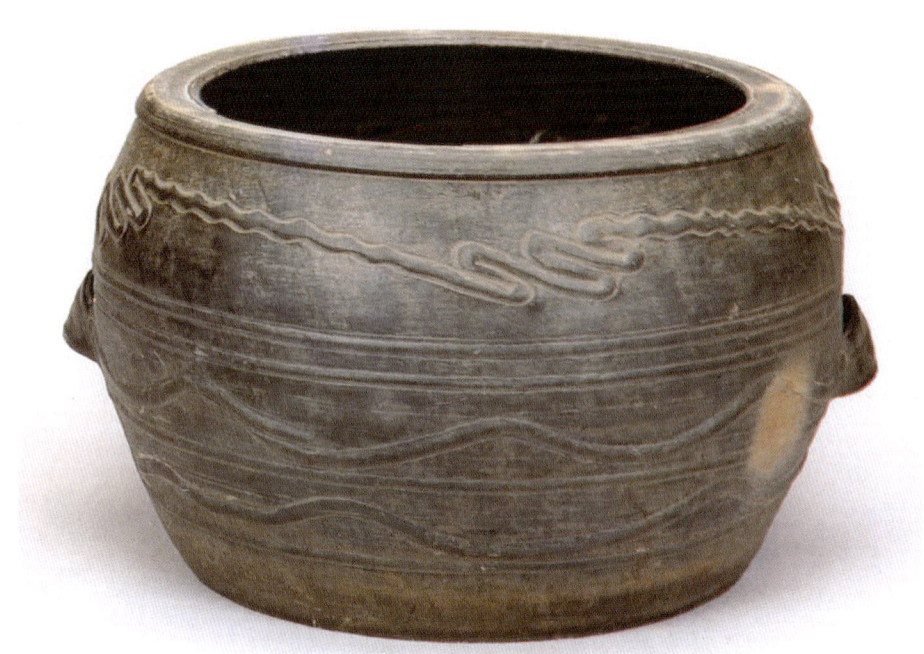

**물두멍** 물동이에 길어 온 물을 다시 여기
에 담아 쓴다. 위 물두멍 높이 32센티미
터, 둘레 95센티미터 (위, 옆면)
**질동이** 예전 여자아이들은 예
닐곱 살만 되면 '수박동이'라고
도 부르는 이 작은 물동이를 이고
물긷는 훈련을 했다. 높이 20센티미
터, 구경 64센티미터. (오른쪽)

## 그 밖의 식기구로서의 옹기

수저를 담는 수저통은 붓통과도 비슷하나 밑에 구멍이 뚫려 있어 물이 빠질 수 있도록 고안된 점이 다르며, 접시나 채반도 옹기나 질로 된 것도 있다. 간장병, 기름병과 술병은 모양새에서 약간 차이가 있고 그 기능도 다르게 되어 있다. 간장이나 물을 따르던 귀대접, 계란을 쪄내는 알뚝배기, 보통 뚝배기보다는 서너 배 크기로 찌개와 같은 음식을 담는 멍텅구리 뚝배기 등 무엇 하나 부엌살림에 요긴하지 않은 게 없다.

'앵병'이라고 부르는, 병이라고 보기엔 목이 짧고 단지라고 부르기엔 목이 너무 가느다란 그야말로 병도 단지도 아닌 것이 있다. 이는 대개 가을에 짠지를 담을 때 무를 켜켜이 놓고 소금을 뿌려 주둥이를 꼭 봉해 공기의 유통을 막아 여름에 꺼내 먹을 때까지 내용물을 저장하던 용기이기도 하고, 막걸리나 청주를 담아 보관하던 것이기도 하다.

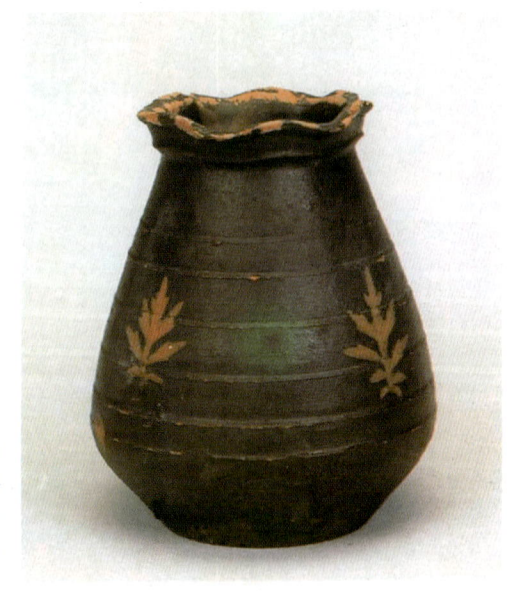

**수저통** 붓통과 비슷하나 밑에 구멍이 뚫려 물이 빠질 수 있도록 하였다. 높이 17센티미터, 구경 25센티미터

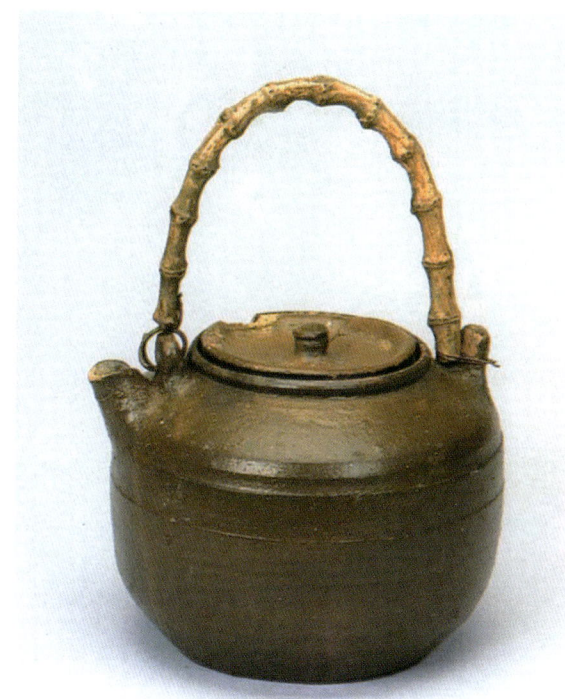

　오지 주전자는 손잡이가 오지로 된 것도 있고 대나무나 쇠로 된 것도
있어 물이나 술을 불 위에 올려놓고 데워 사용할 수 있도록 알맞게 고안
되어 있다.

　다관은 대개 백자로 썼으나 초의선사 유적지인 전라남도 해남의 일
지암에서 옹기로 된 다관이 출토되었다. 한국의 다성(茶聖)이라 일컫는
초의선사께서 다관을 옹기로 구워서 썼다면 이 역시 검박(儉朴)한 것을
으뜸으로 치는 한국 차(茶) 정신을 말해 주는 것이라 하겠다.

# 일상생활 속의 옹기

## 화로

방에서 제일 먼저 눈에 띄는 것이 화로이다. 긴 겨울밤에 화롯가에 모여 옛날이야기를 듣던 때가 그리 먼 옛날 일이 아니다. 이 화롯가에서의 이야기를 두고 '노변정담(爐邊情談)'이라 부른다.

화로 가운데 삼발이에 얹혀 보글보글 끓는 뚝배기 안의 된장찌개며 할아버지 할머니의 이야기와 함께 익어가는 밤이나 고구마의 구수한 냄새…… 오늘날 인간의 풍요함이나 행복이 과연 어디에 있는가를 생각하게 해 주는 우리의 생활 교훈이 될 수 있을 것이다.

화로의 재를 다독이는 부손도 오지와 질로 된 것이 있고, 여기에 글자나 문양을 새긴 것도 있고, 여러 형태로 된 것들이 눈에 띈다.

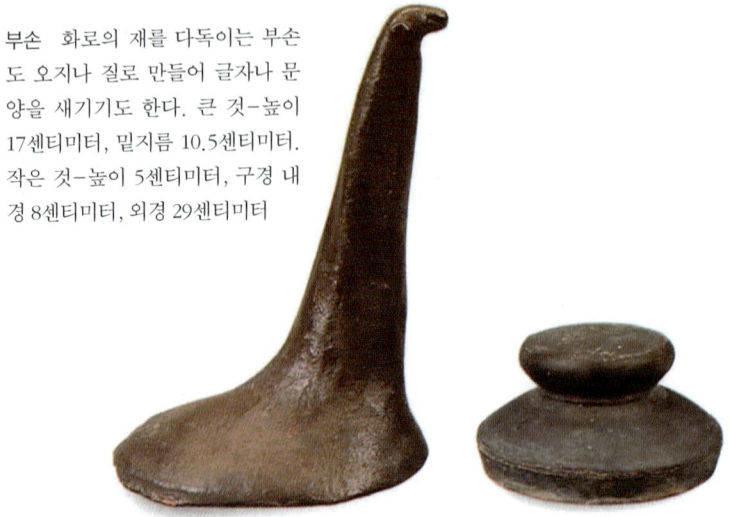

부손   화로의 재를 다독이는 부손도 오지나 질로 만들어 글자나 문양을 새기기도 한다. 큰 것−높이 17센티미터, 밑지름 10.5센티미터. 작은 것−높이 5센티미터, 구경 내경 8센티미터, 외경 29센티미터

## 등잔

　등잔은 일제시대 대량 생산된 사기 등잔이 나오기까지는 옹기 등잔들이 방 안을 밝혀 주는 조명 기구였다. 종지처럼 만들어져 나무로 된 등잔대에 얽어매는 형과 평퍼짐하게 만들고 중간에 기름을 따를 수 있도록 하고 주둥이 언저리에 나무를 엮어 접시나 종지를 얹어 불을 밝히던 형태의 것들도 적잖이 눈에 띈다.

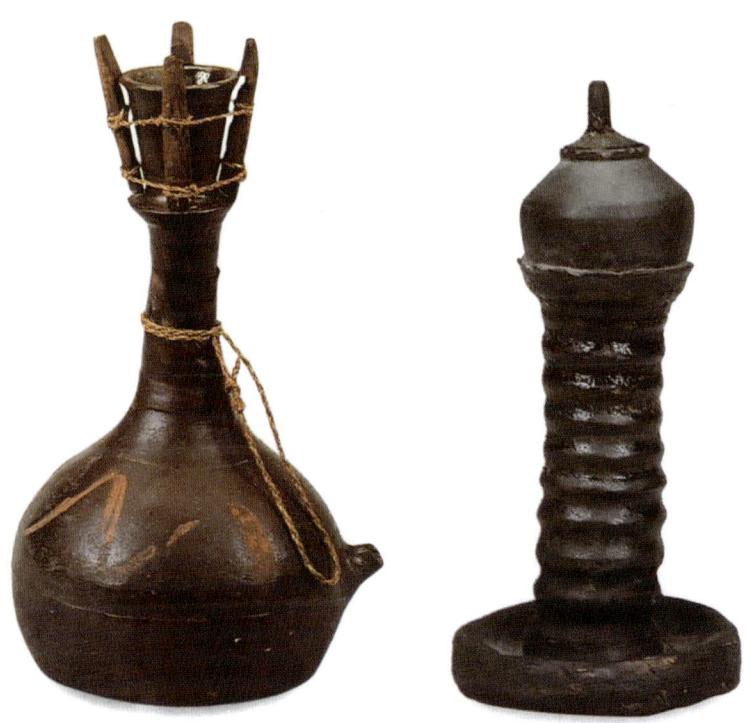

등잔　일제시대 사기 등잔이 나오기까지 사용된 조명 기구로 여러 가지 형태의 것들이 있다.

## 콩나물시루

긴 겨울 동안 우리에게 비타민C를 공급해 주던 콩나물을 기르는 시루도 눈에 띈다. 콩나물시루는 보통 떡을 찌는 질시루를 사용하기도 하지만 특별히 콩나물을 기르기 위한 것으로 몸체가 시루에 비해 약간 길고 밑부분에 작은 구멍이 나 있다.

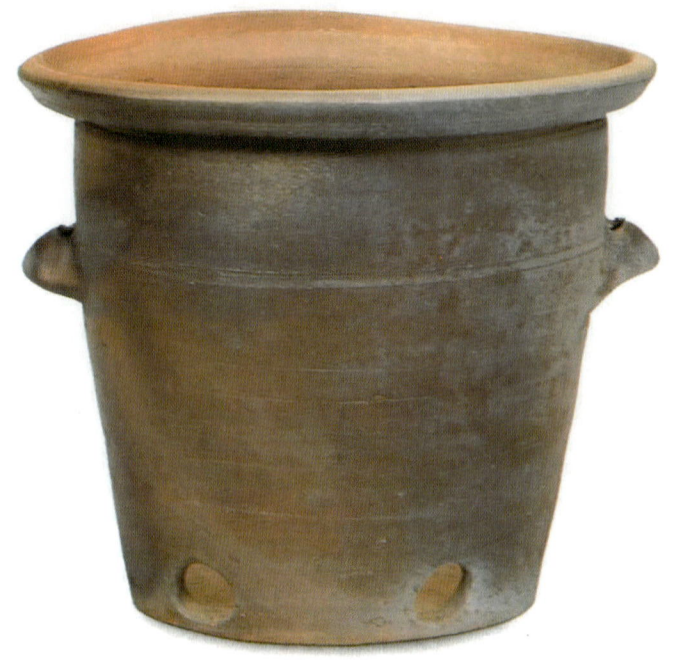

**콩나물시루**  보통 떡을 찌는 시루에 비해 약간 길고 밑부분에 작은 구멍이 나 있다. 높이 31.5센티미터, 둘레 97.5센티미터, 구경 36.8센티미터

## 의약 기구

한약을 다리는 약탕관도 유기로 된 것, 돌로 된 것들도 있으나 옹기로
된 것보다 못한 것 같다. 유기는 오랜 시간 끓이는 데는 마땅한 기물이
아니고 돌로 된 것은 무거워 사용하기에 불편하여 현재에도 가정에 가
장 애용되는 것이 오지 약탕관일 것이다. 이 오지 약탕관이야말로 약재

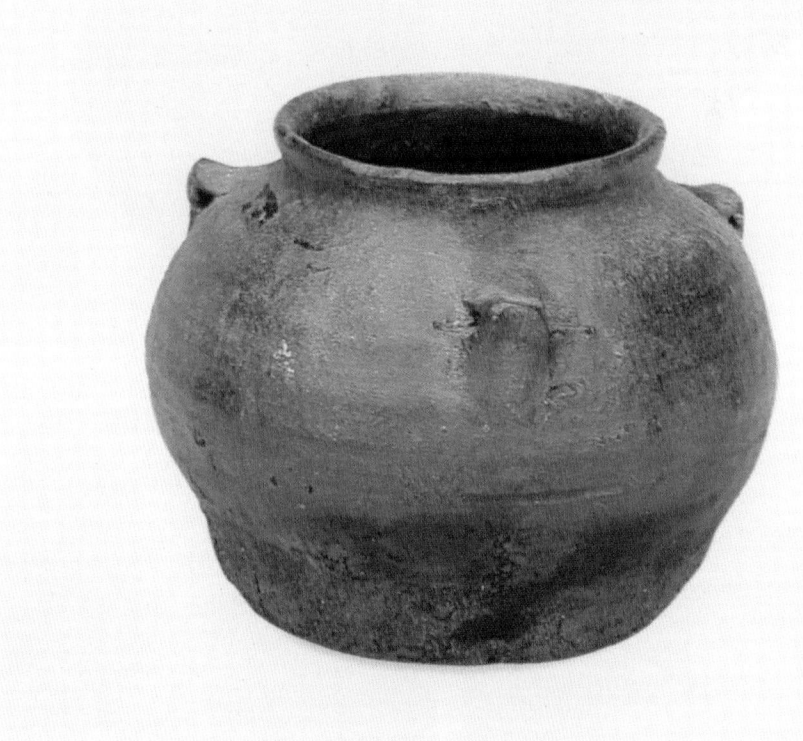

**약탕관**   끈으로 천장에 달아 놓을 수 있게 만든 것이다. 높이 11센티미터, 둘레 45.5센
티미터, 구경 8.5센티미터

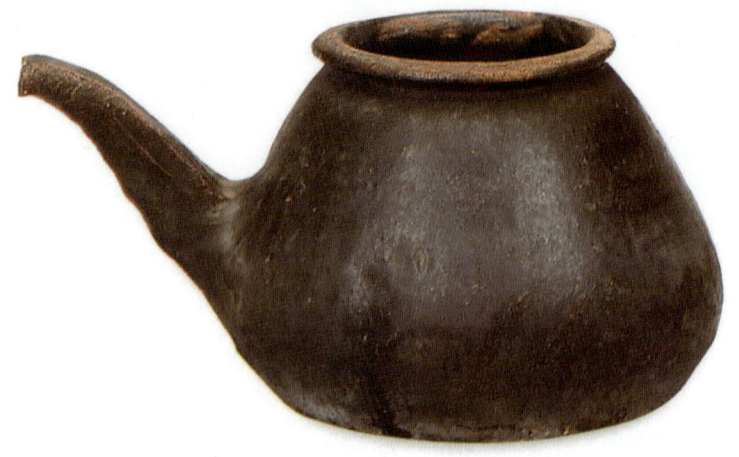

약탕관  몸뚱이에 자루가 달린 것이다. 높이 14센티미터, 구경 35.5센티미터

들을 고루 우려내 한약의 진가를 발휘하는 데는 더 좋은 것이 없으리라고 본다. 몸뚱이에 자루가 달린 것과 끈으로 매서 천장에 달아 놓을 수 있는 형태의 것도 있다.

약을 가는 약연(藥碾)이나 약절구 등도 옹기로 된 것이 있다.

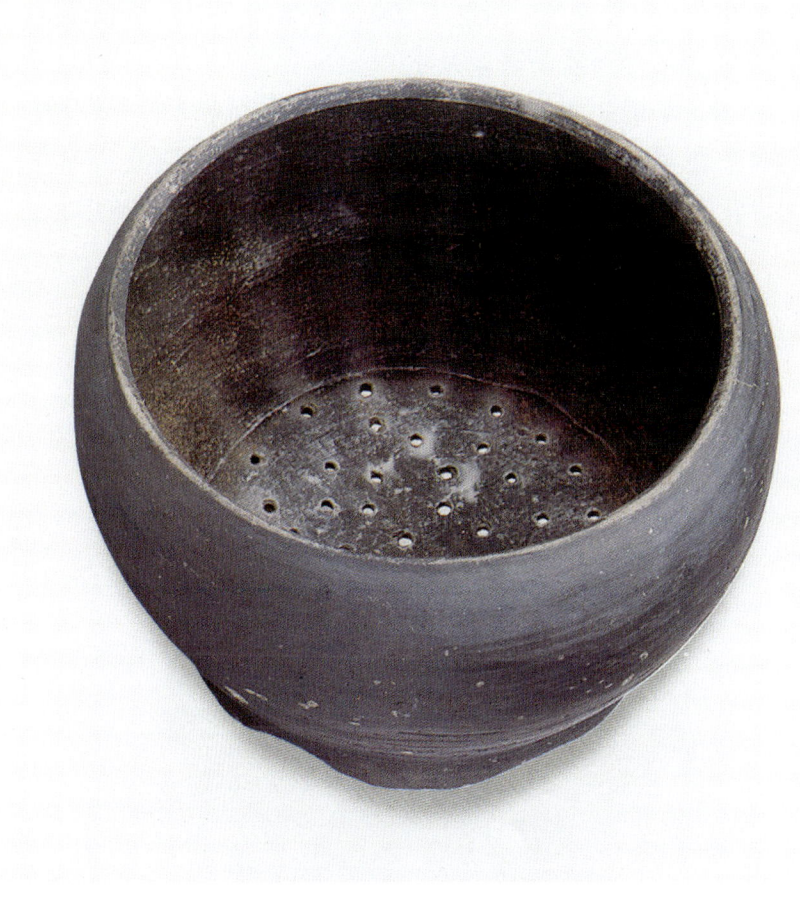

**약시루**  약초를 넣고 찌는 데 주로 사용된 것으로, 보통 시루보다 밑부분 전체에 구멍이 매우 작게 뚫려 있다. 높이 17센티미터, 둘레 89센티미터, 구경 24.6센티미터

## 문구(文具)

오지나 질로 된 문구도 적잖이 전해 오고 있다. 연적과 벼루, 필통과 붓을 씻는 필세와 문진 등이다.

이 가운데 '배꼽 연적'이라 부르는 큰 연적은 서당에서 학동들이 글씨를 쓸 때 공동으로 사용하는 연적이고, 질로 된 벼루는 무게가 가벼워 선비들이 소맷자락에 넣고 다니며 쓰던 휴대용 벼루이다.

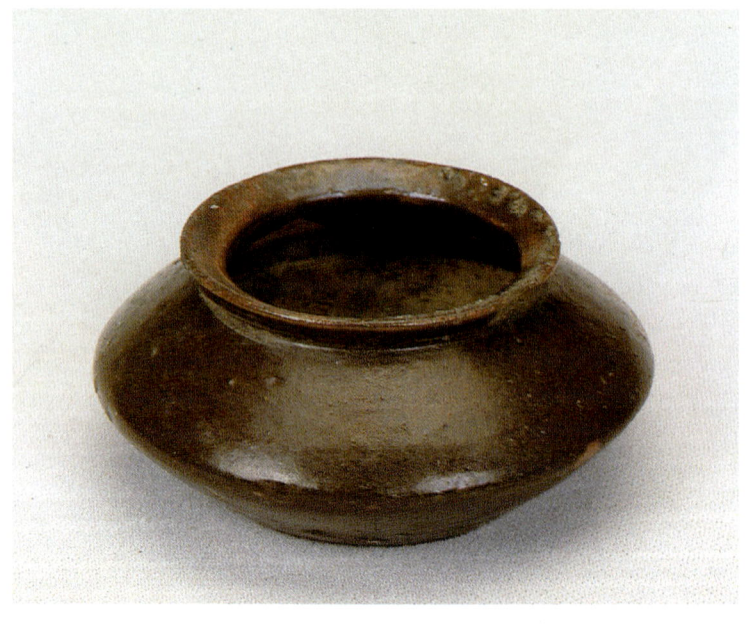

필세  붓을 씻는 용기로, 오지로 만든 것이다. 높이 5센티미터, 둘레 34센티미터, 구경 34.7센티미터

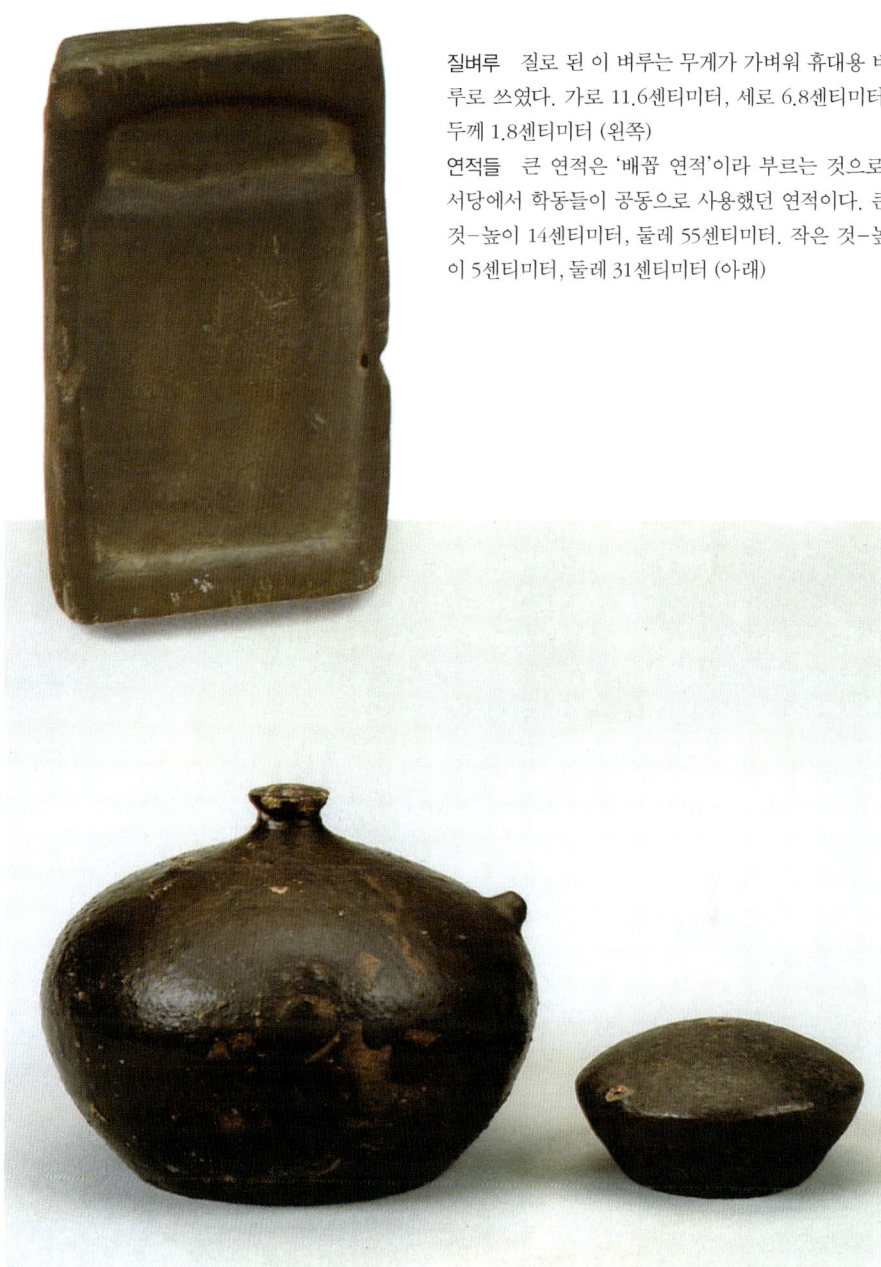

**질벼루** 질로 된 이 벼루는 무게가 가벼워 휴대용 벼루로 쓰였다. 가로 11.6센티미터, 세로 6.8센티미터, 두께 1.8센티미터 (왼쪽)

**연적들** 큰 연적은 '배꼽 연적'이라 부르는 것으로, 서당에서 학동들이 공동으로 사용했던 연적이다. 큰 것─높이 14센티미터, 둘레 55센티미터. 작은 것─높이 5센티미터, 둘레 31센티미터 (아래)

## 음악과 옹기

우리의 선조들이 아무 데서나 어느 때든지 아주 옛날부터 사용하였던 악기가 물장구와 초금피리이다.

들녘에서 일하다가 새참을 먹고 막걸리 사발을 들이키고 흥이 나면 자배기에 물을 담고 그 위에 바가지를 엎어 놓고 젓가락과 손으로 장단을 두드리며 들잎으로 초금피리를 만들어 불면 그거야말로 기가 막힌 조화요, 꾸밈없는 악기가 된다.

이 흔적이 유일하게 남아 있는 것이 중요무형문화재 68호로 지정된 밀양 백중놀이에 물장구와 사장구로 남아 있어 그 흔적을 볼 수 있다. 사장구는 항아리 뚜껑 두 개 사이로 나무를 끼워 만든 것인데 궁채편의 가죽은 일반 장구와 같다. 제주도에서도 물허벅을 두드리며 민요를 부르는데 이 또한 우리 민족의 가장 원초적인 악기를 볼 수 있는 장면이다.

궁중 음악의 악기 가운데에도 옹기로 만든 것이 있는데 '훈(塤)'과 '부(缶)'가 바로 그것이다.

훈(塤)은 '훈(壎)'이라고도 쓰는데 중국 고대 악기였다. 『시경(詩經)』 '소아(小雅) 편'에 "백씨(伯氏)는 훈(塤)을 불고 중씨(仲氏)는 저(篪)를 분다."라고 하여 훈(塤)과 저(篪)는 형제의 의로 여겨 두 악기는 언제나 함께 편성되어 연주된다. 우리나라에는 고려 예종 11년 송(宋)에서 들어왔다.

부(缶)도 중국 고대 악기의 하나이다. 중국에서는 진왕(秦王)과 조왕(趙王)이 승지(繩池)에 모여 진왕이 부를 치며 흥겨워하였다는 유명한 고사(故事)가 있다. 세종 때 박연이 상소하여 부(缶)의 미비함을 말하고 개선함을 주장하였다. "우리나라에서 쓰는 부는 그 형상이 그림과 같지 않고 또 쳐도 성운(聲韻)이 전혀 없으며 헌가(軒架)에 공연히 갖추기만 했던 까닭으로 부를 치는 악공을 헐공(歇工; 쉬는 악공이란 뜻)이라 하였으니 거짓이 너무 심합니다."라고 하였다. 그리하여 박연은 마포 강가

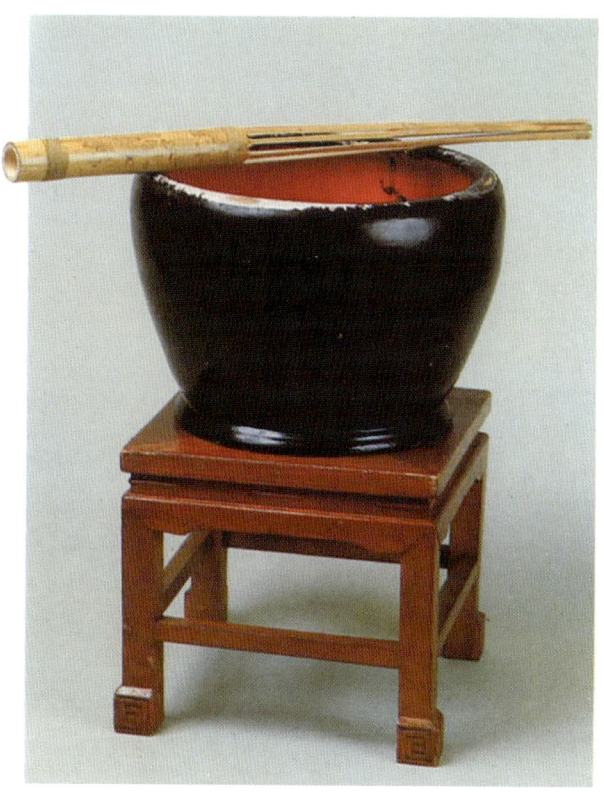

부 '사장(四杖)'이라는 대나무로 입 주변을 치는 리듬 악기 구실을 한다.

에 있는 도소(陶所; 옹기점)에서 우수한 도공(陶工)을 가려 부를 만들게 하고 음악을 아는 이가 아침, 저녁으로 왕래하여 감독하게 하여 중음(衆音; 다른 악기 소리)에 맞도록 시험하겠다고 청원하였다.

　세종 때 아악(雅樂)에는 소리의 높이가 다른 열 개의 부를 만들어 놓고 각기 한 사람씩 쳤다고 하니 당시 아악의 웅대함을 엿볼 수 있고, 세종 때의 문물이 얼마나 화려하였나를 알 수 있다. 그러나 지금 아악에는 한 개의 부만 있어 소리 또한 제 역할을 다하지 못해 세종 이전의 부의 모습으로 돌아간 느낌이다.

## 기타

　담뱃재를 터는 재떨이도 오지나 질로 된 것들이 있고, 옷감을 다릴 때 뜨거운 다리미를 올려놓는 다리미 받침 또한 오지나 질로 된 것이 많다. 또 오지와 질로 된 요강이나 타구는 책상 밑이나 장롱 밑에 감추어 놓고 썼다. 또 흔하지는 않지만 장기알이나 장기판, 윷가락 같은 것도 옹기로 구워 낸 것이 있다.

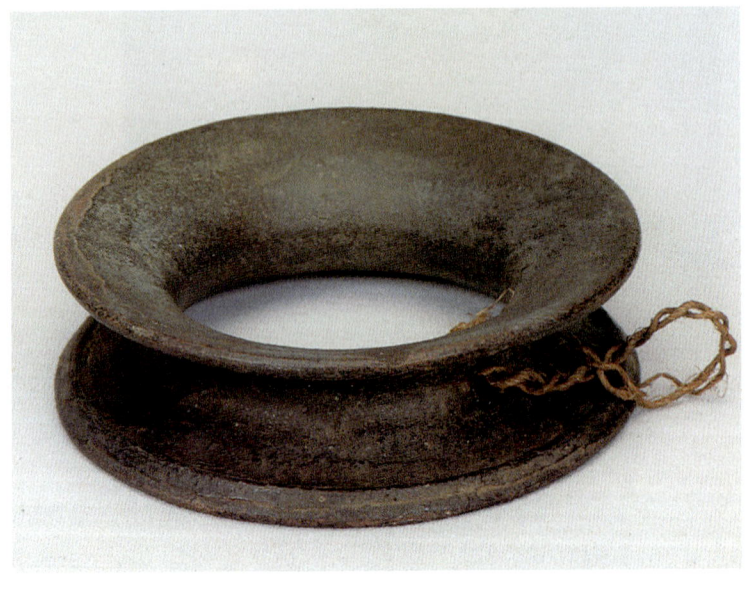

**다리미 받침**　뜨거운 다리미를 올려놓는 받침 또한 오지나 질로 된 것이 많다. 높이 4.3센티미터, 둘레 46센티미터, 지름 14.8센티미터

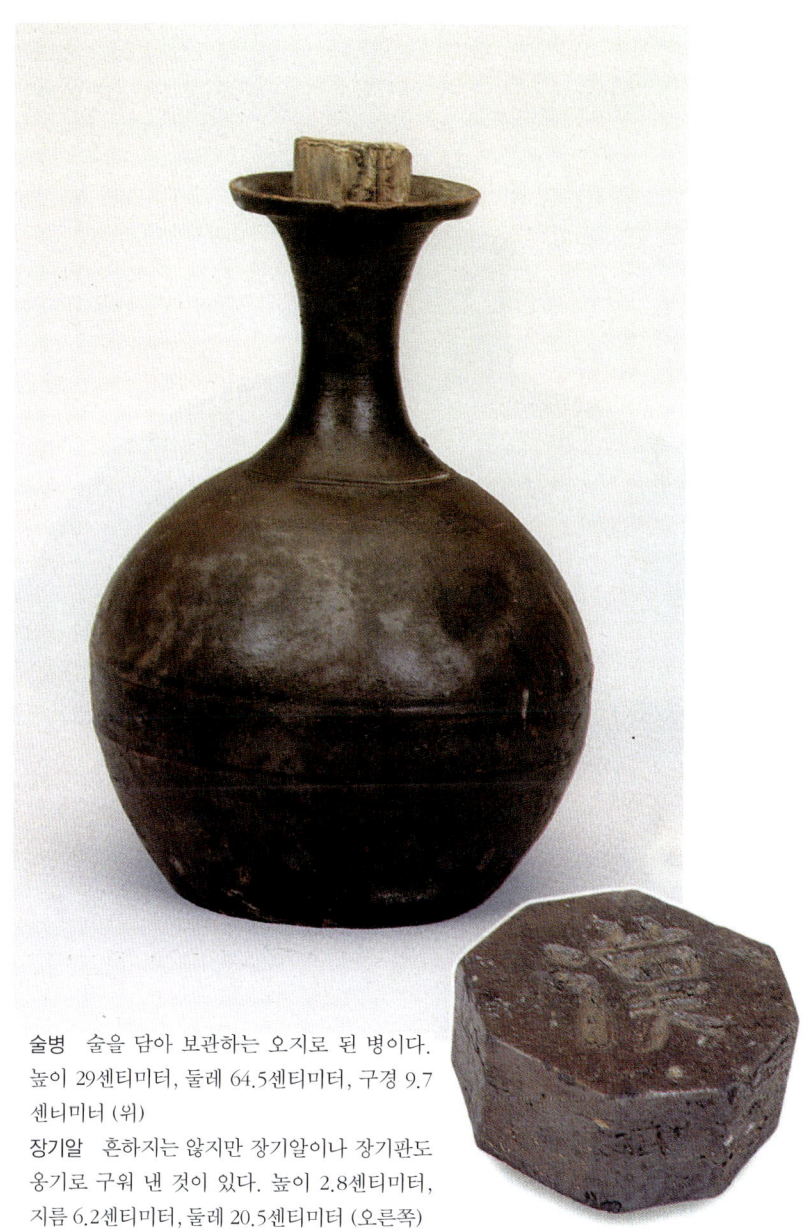

술병  술을 담아 보관하는 오지로 된 병이다.
높이 29센티미터, 둘레 64.5센티미터, 구경 9.7
센티미터 (위)
장기알  흔하지는 않지만 장기알이나 장기판도
옹기로 구워 낸 것이 있다. 높이 2.8센티미터,
지름 6.2센티미터, 둘레 20.5센티미터 (오른쪽)

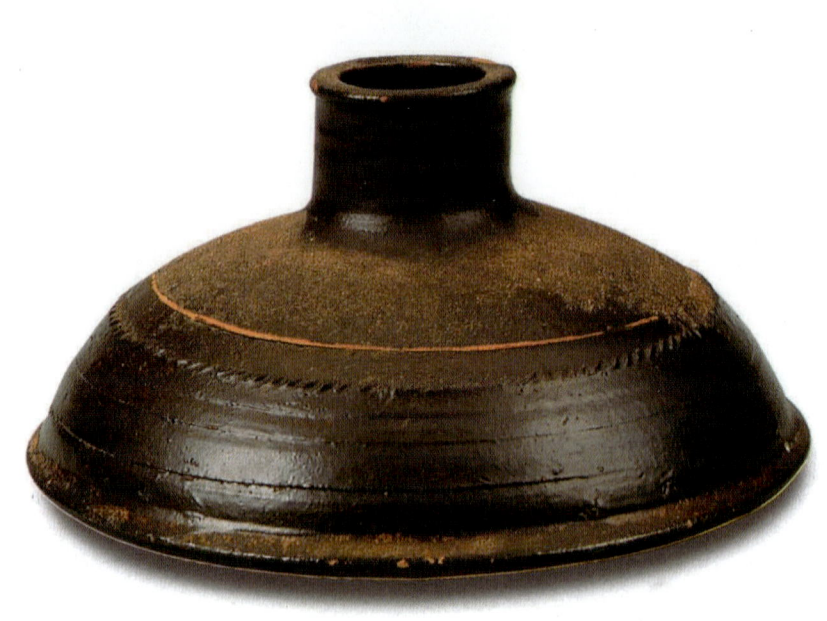

**쳇도리** 술지게미와 같은 여과가 필요한 음식에 사용된 일종의 깔때기이다.
높이 17센티미터, 구경 24센티미터

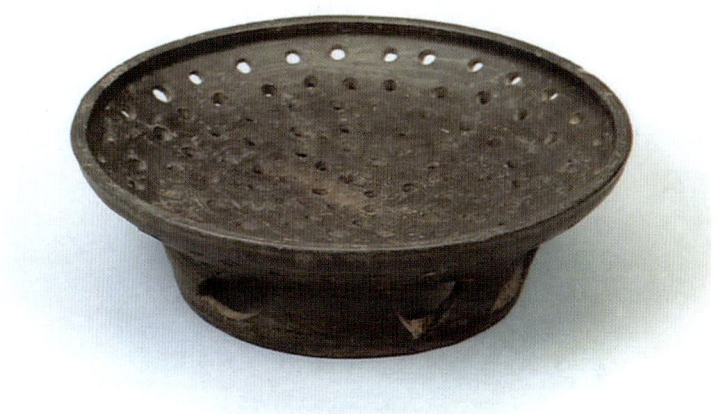

**채반** 싸리나무로 만든 것이 대부분이나 옹기로 구워 낸 것도 있다. 높이 10센티미터, 둘레 99센티미터 (위)
**수반** 꽃을 꽂거나 수석 따위를 담아 놓는 데 쓰이는 질수반이다. (아래)

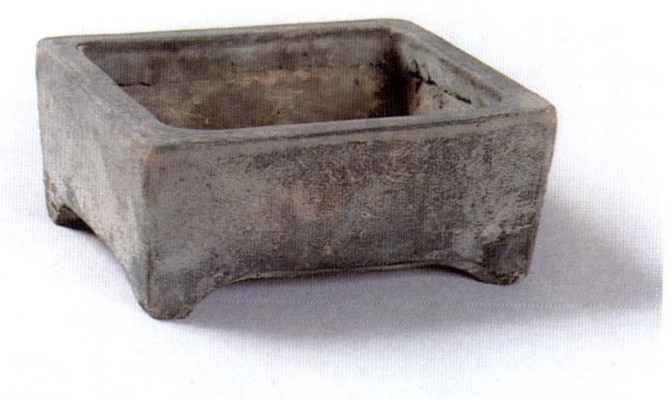

## 주거 생활 속의 옹기

부엌의 아궁이는 난방과 취사가 겸해 있어 옛날 위정자들은 백성이 굶지 않고 연명하고 있는가, 또 어느 집이 양식이 떨어졌는가를 굴뚝의 연기를 보고 알았다 한다.

이 굴뚝도 옹기로 된 것들이 많이 눈에 띄는데 대개 남녘의 하삼도(下三道)에 많다. 굴뚝은 연통(煙筒)과 연가(煙家)로 구분되나 두 개의 기능이 한데 합쳐 있는 것도 있다. 마치 절간의 탑처럼 맨 꼭대기에 새나 꽃봉오리 등을 장식하여 그 밑에 두세 개 또는 네 개를 뚫어 연기가 나가게끔 되어 있어 최근 호사가(好事家)들의 정원에 야외등으로 활용되는 것을 보기도 한다.

낙랑시대 전후로 우리의 건축에는 기와가 지붕을 덮는 중요한 재료가 되며, 궁궐이나 사찰·사당의 전각들과 생활이 비교적 넉넉한 집은 기와지붕이었다. 기와 역시 질로 된 것이며, 심한 더위나 장마에도 습기나 열을 간직하였다가 서서히 내뿜는 와질(瓦質)의 성격이 한반도의 기후에는 지붕으로서 알맞은 재료이다. 이 밖에 하수구나 전돌이 질로 된 것도 있고, 이 전돌로 구성된 탑들이 신라나 고려 초에 세워져 국보 또는 보물로 지정되어 있다. 방에 까는 자리를 만드는 데 사용되는 고드랫돌도 옹기로 된 것들이 흔히 눈에 띈다.

**굴뚝**  굴뚝은 연통과 연가로 구분되나 이것은 두 개의 기능이 합쳐진 것이다. 높이 84센티미터, 둘레 73센티미터

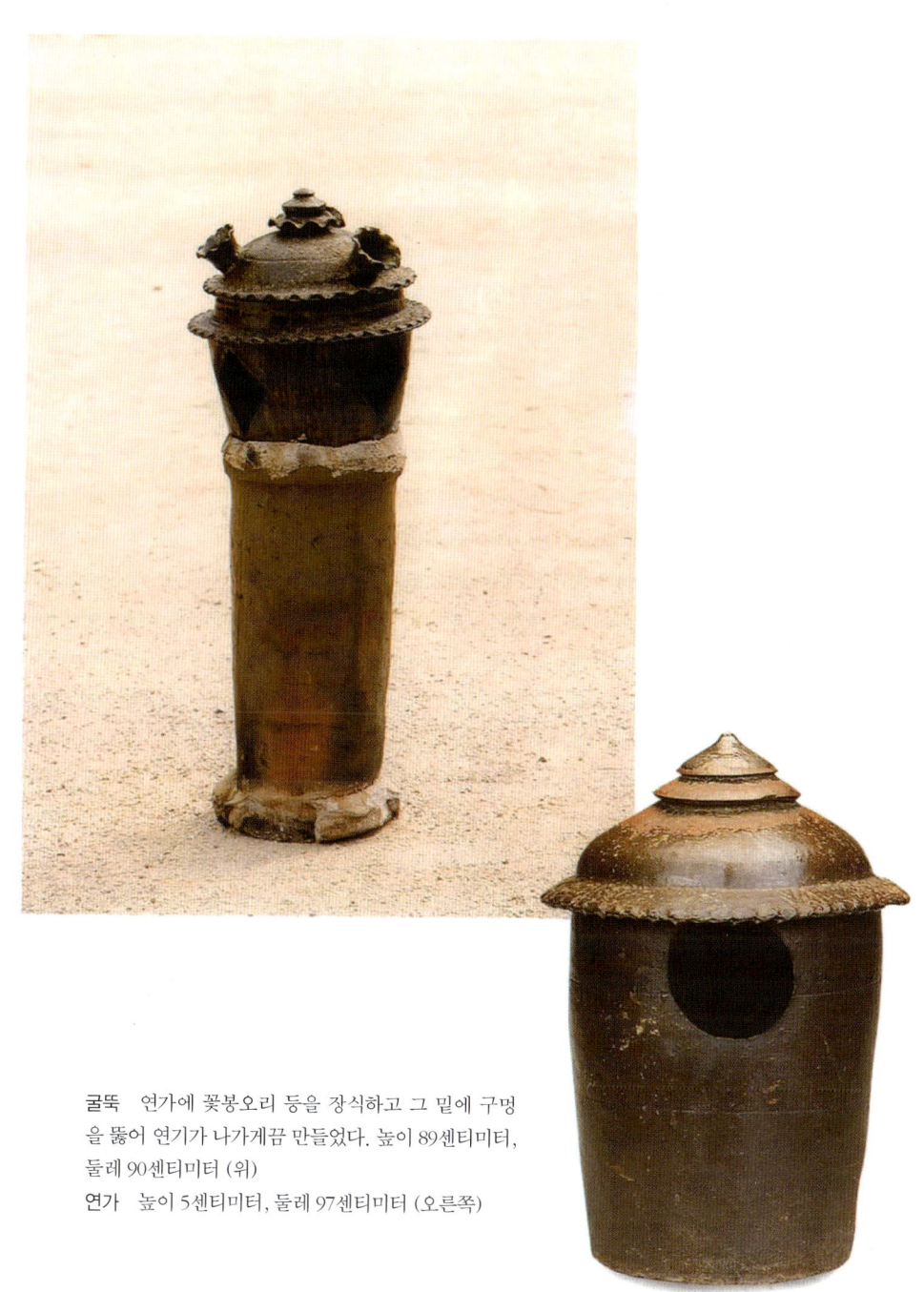

굴뚝　연가에 꽃봉오리 등을 장식하고 그 밑에 구멍
을 뚫어 연기가 나가게끔 만들었다. 높이 89센티미터,
둘레 90센티미터 (위)
연가　높이 5센티미터, 둘레 97센티미터 (오른쪽)

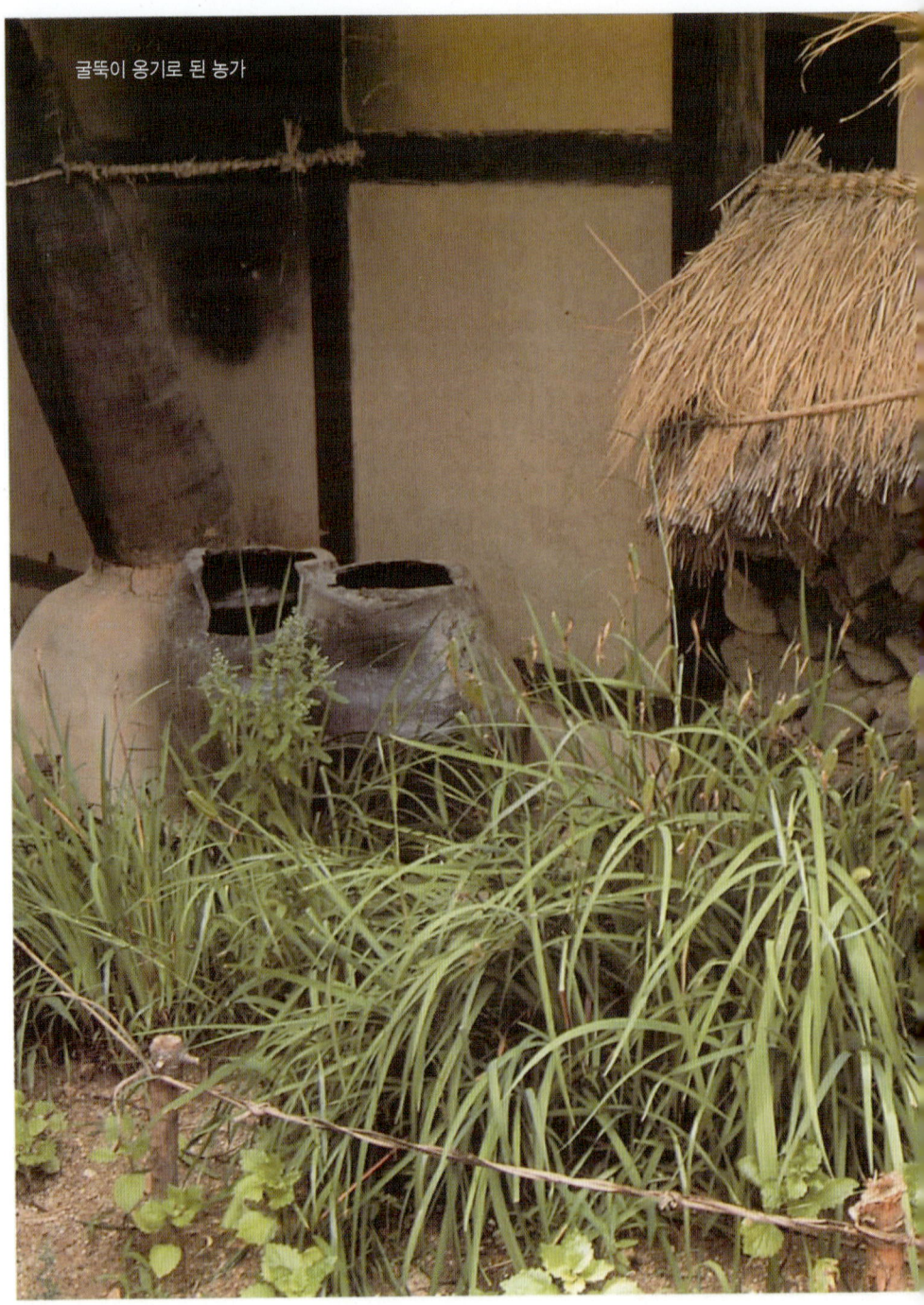

굴뚝이 옹기로 된 농가

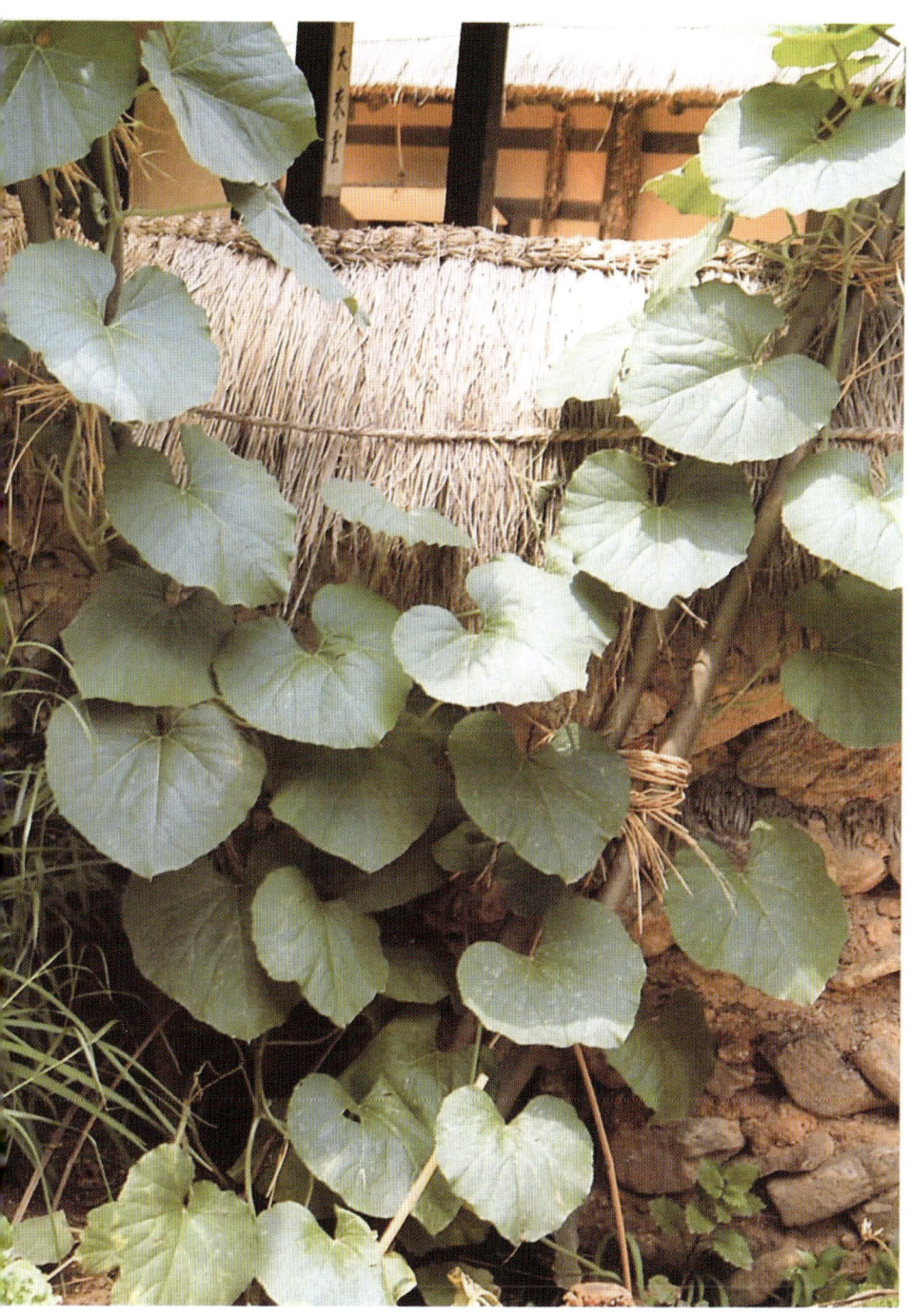

## 신앙생활과 옹기

집안에서 섬기는 신(神)도 옹기에 담을 정도였으니 우리의 옹기에 대한 깊은 애정을 짐작할 수 있다.

지붕이나 대들보 위에 집을 지켜 주는 성주(城主)나 성조신(城造神)을 담는 옹기가 놓여 있으니 이른바 '성주단지'요, 부엌에선 조왕신(竈王神)이라 일컫는 부엌신을 담는 '조왕단지'도 옹기이다.

선반의 가장 정갈한 곳에는 옥수동이 또는 청수동이라는 것이 있어 새벽에 아무도 긷지 않은 우물물을 정화수라 하여 옥수동이에 길어서 장독대 위에 올려놓고 가택의 안녕과 가족들의 소원 성취를 빌었다.

이 밖에 삼국시대 이후 흙으로 구워 낸 토불(土佛)이나 나한(羅漢)들이 남아 있고, 오지나 질로 구워 낸 것도 있다.

동해안 어귀에는 질로 된 호랑이가 산신각에 모셔서 있어 한국인의 신앙생활과 옹기도 밀접한 관계를 맺고 있음을 알 수 있다. 또 뒤주 속에 오지나 질로 된 거북이를 '뒤주업'이라고 불러 이를 뒤주의 쌀 속에 넣으면 마치 옹달샘의 샘물이 마르지 아니함과 같이 쌀이 뒤주 속에서 마르지 않고 언제나 차고 넘치라는 기원(祈願)이 담겨 있다.

## 장군

주로 물이나 술 또는 거름을 나르는 데 쓰인 것이 장군이다. 아주 소형으로 된 장군은 주로 술을 운반하는 데 사용한 것 같고, 그 사용 연대도 삼국시대까지 거슬러 올라간다. 단일 품목의 그릇이 조형 면에서 별다른 변동 없이 지금까지 이어서 내려오고 있기는 쉬운 일이 아닌데 이것은 지금까지 사용되고 있다. 큰 것은 밭에 거름을 나르는 거름 장군으로서, 또 1미터가 넘는 큰 것은 배에서 물을 담아 사용하던 것이라 한다.

장군은 아니나 운반용으로 자라병이 있다. 이것은 자라처럼 생겼다고 하여 이름 지어진 것이며, 휴대용으로 물이나 술을 담아 가지고 다니던 병이다.

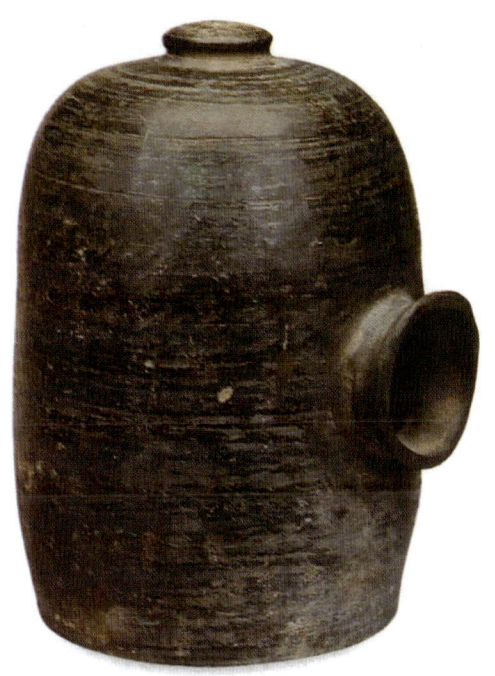

**장군**  질로 만든 것으로 거름을 나르는 거름 장군이다. 높이 40센티미터, 구경 32센티미터, 둘레 89센티미터

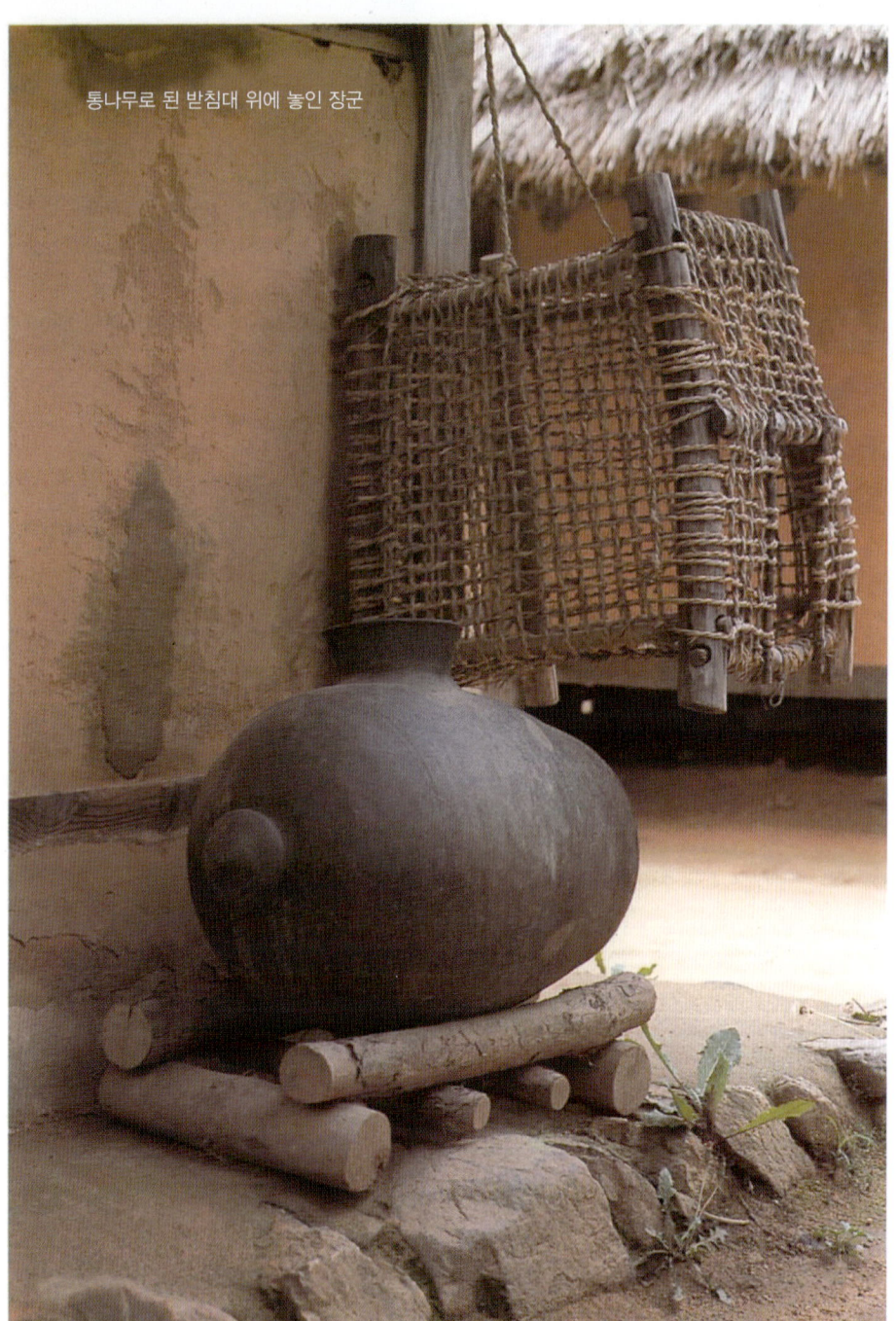

통나무로 된 받침대 위에 놓인 장군

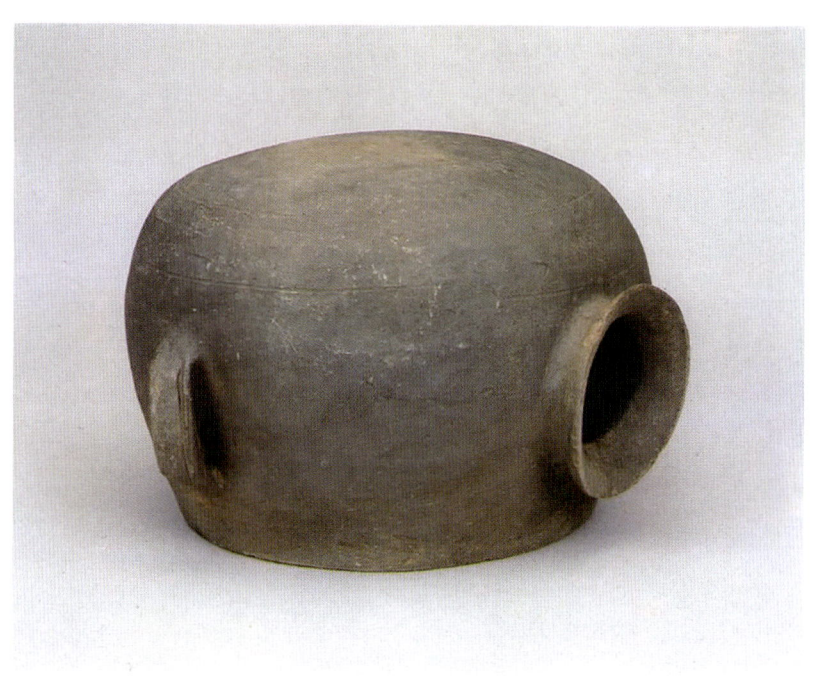

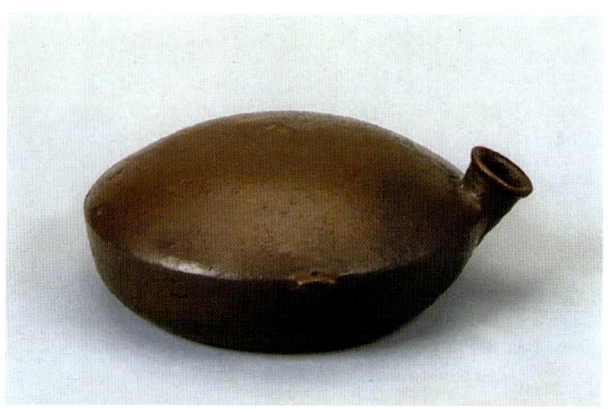

**장군** 귀가 달린 거름 장군으로 '똥장군'이라 불리기도 한다. 높이 24.5
센티미터, 둘레 108센티미터, 구경 37센티미터 (위)
**자라병** 장군이 아니라 운반용으로 물이나 술을 담아 가지고 다니던 병
이다. 높이 8센티미터, 목둘레 11.5센티미터, 둘레 72센티미터 (아래)

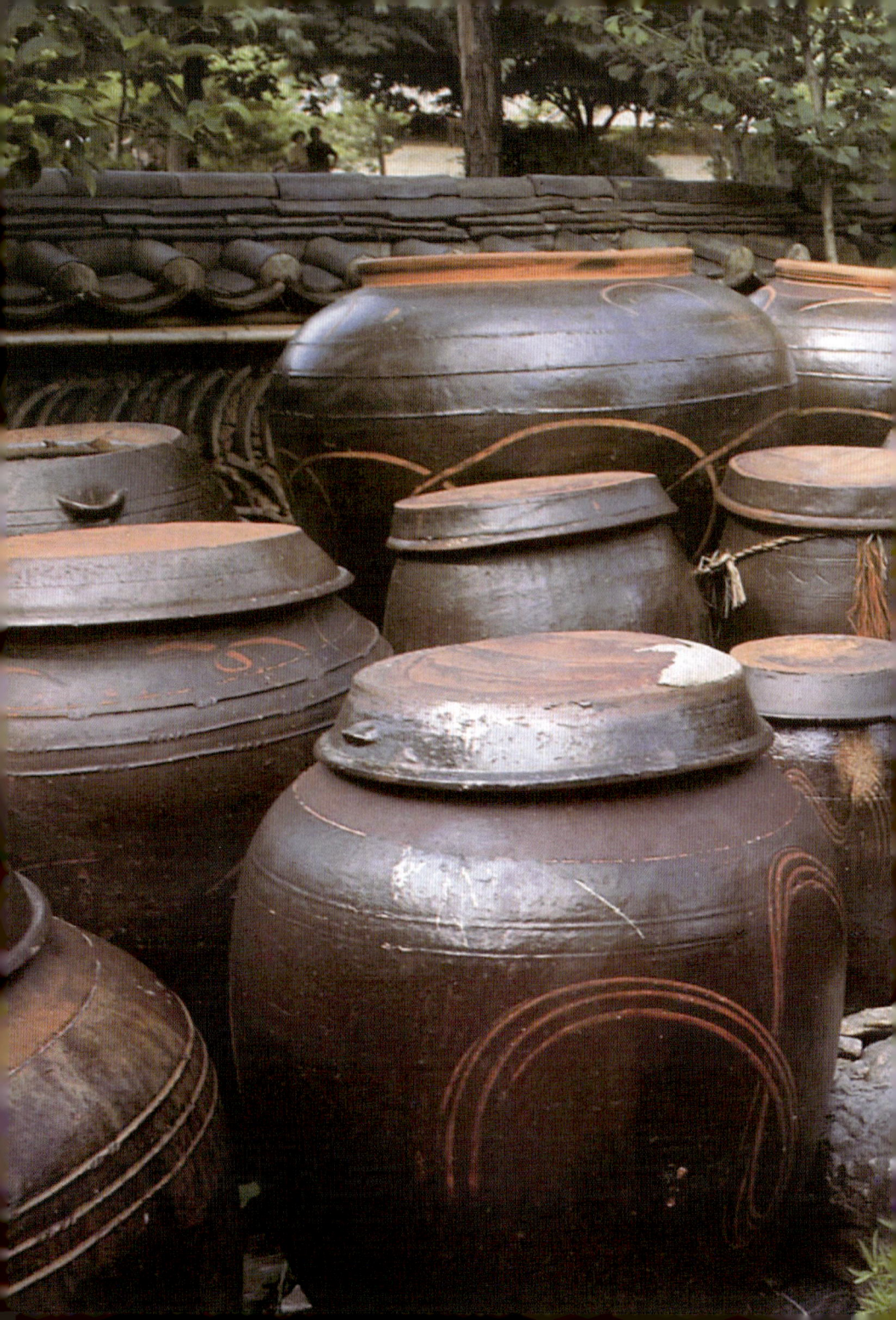

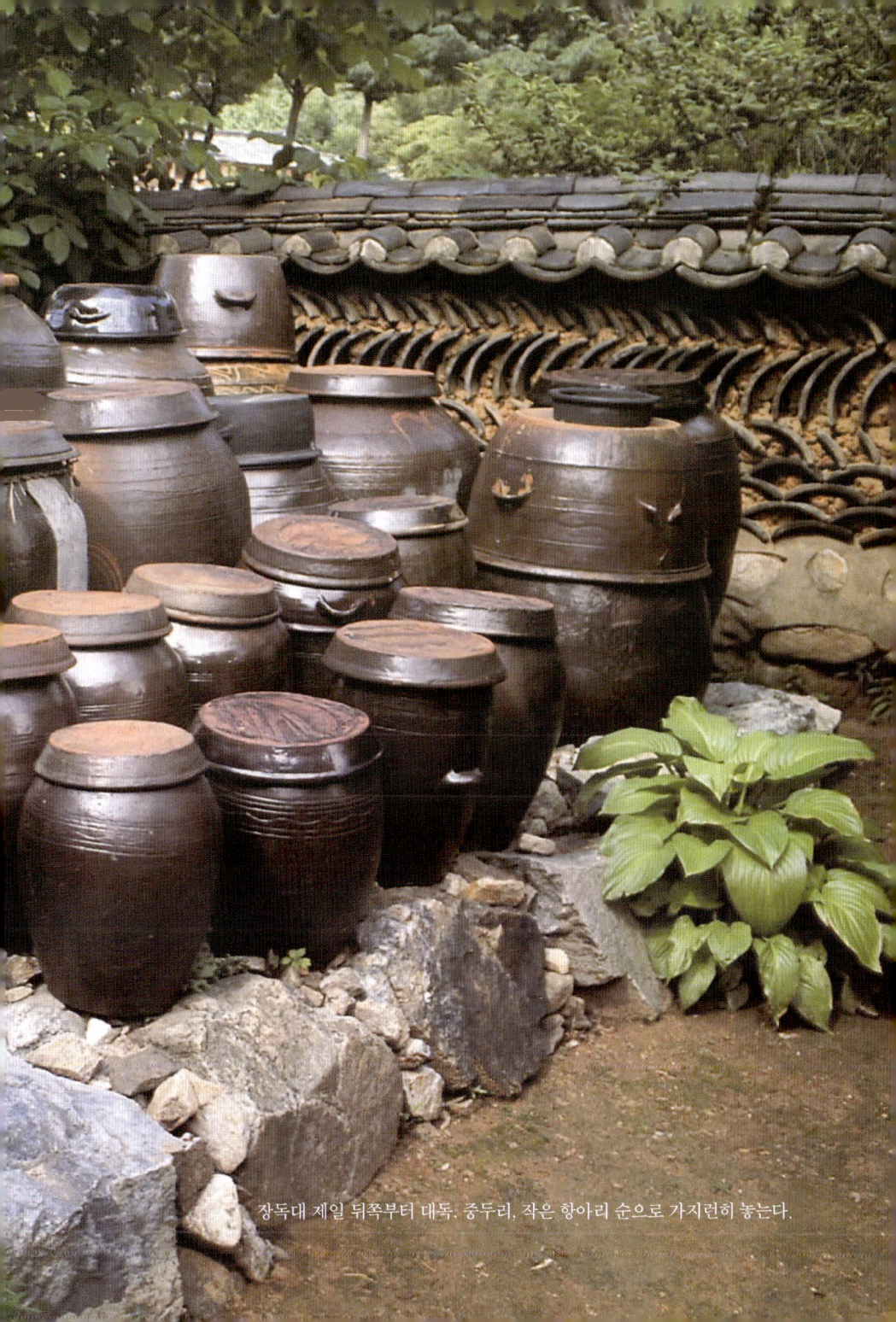

장독대 제일 뒤쪽부터 대독, 중두리, 작은 항아리 순으로 가지런히 놓는다.

# 옹기 제작 과정

세계 도자사(陶磁史)에 있어서 우리나라는 세계에서 자랑할 만한 고려 상감 청자를 비롯하여 우수한 전통문화를 남겼다. 일본 사람들이 부러워하는 다완(茶盌)을 생산하였던 전통은 단절되었지만 오직 한국 민족의 얼이 담겨 있는 옹기는 금세기에 이르기까지 그의 순수성을 간직하고 내려오면서 끊임없이 성장되었다.

그럼에도 불구하고 옹기점은 1960년대 후반부터 점차 사양(斜陽)길로 접어들면서 현재 남한 전역에 산재해 있는 옹기점의 수는 100점도 채 남지 않았고, 제작 과정에 있어서도 전통을 망각한 심각한 상황에 놓이게 되었다.

특히 1950년부터 1953년에 이른 전란의 상처는 한국 전통문화의 분열을 일으켰다. 곧 옹기 생산에 필수 재료인 화목(火木) 결핍 현상을 일으켜 마침내 가마 구조의 변형을 가져왔으며, 또한 저렴한 생산 원가를 유지하기 위하여 전통적인 잿물약을 사용하지 아니하고 광명단인 연유의 사용으로 인해 보건 위생에 위험한 옹기를 만들어 내는 잘못을 남기게 되었다.

현대 과학 문명은 인간 생활에 많은 편의를 제공하고 있는 반면에 많은 결함을 남기고 있다 하여도 과언은 아니다.

특히 산업화의 발달에 따른 농촌의 피폐와 도시 집중으로 인한 아파트 공간의 발달로 한국 전통 주택의 필수 시설인 장독대의 존재가 불필요한 요소로 이르게 됨에 따라 한국 가정의 정서를 잃게 하였음은 안타까운 일이다.

한국미를 드러내는 옹기는 옹기장이〔匠人〕에 의해 이루어지고 있으나 앞서 말한 바와 같이 사양길로 접어든 옹기점에 종사하는 장인들의 평균 연령은 55세 이상이라는 점에서 심각성을 드러내고 있다.

이와 같은 현상은 아파트 건축 문화와 연유(鉛釉) 옹기그릇의 등장으로 옹기 수요의 감소, 싼값의 합성 화공 수지 공업의 발달로 인한 플라스틱 용기의 출현으로 오랜 역사와 전통을 이어 내려온 옹기점은 몰락을 가져오게 되었다. 더욱 심각한 일은 현대 여성들이 재래 잿물 유약보다 유색을 입힌 옹기를 선호하여 위생에 위협을 주는 연유색이 만연되고, 이런 이유로 정통성을 잃어가고 있다. 또한 전 국토가 하루 문화권으로 바뀜에 따라 각 지역의 독특한 옹기 모양이 특징 없는 서울 지역 옹기 모양으로 바뀌고 있다는 사실이다.

이와 같이 심각한 상황 속에 전통적인 수제 옹기는 점차 사라지는 한편 옹기 제조 분야에 있어 석고(石膏) 형틀에 의한 질이 질박한 옹기 성형과 저화도에 용해되는 연유인 광명단 사용으로 더욱 강도가 낮은 옹기의 출현을 보게 되었다.

인체에 해로운 연유와 낮은 온도(저화도(底火度))로 구워지는 질박한 옹기는 1970년대부터 발생하기 시작하였지만 이 이전만 하더라도 수제 옹기가 제조되었던 것이다.

옹기의 발생 시기는 명확하지 않으나 옹기(甕器)의 '옹' 자에서 볼 수 있듯이 큰 항아리인 독의 종류가 삼국시대 질그릇 자료에서 찾아볼 수 있을 뿐 아니라 문헌인 『삼국사기』 신라 제31대 신문왕(神文王) 3년조

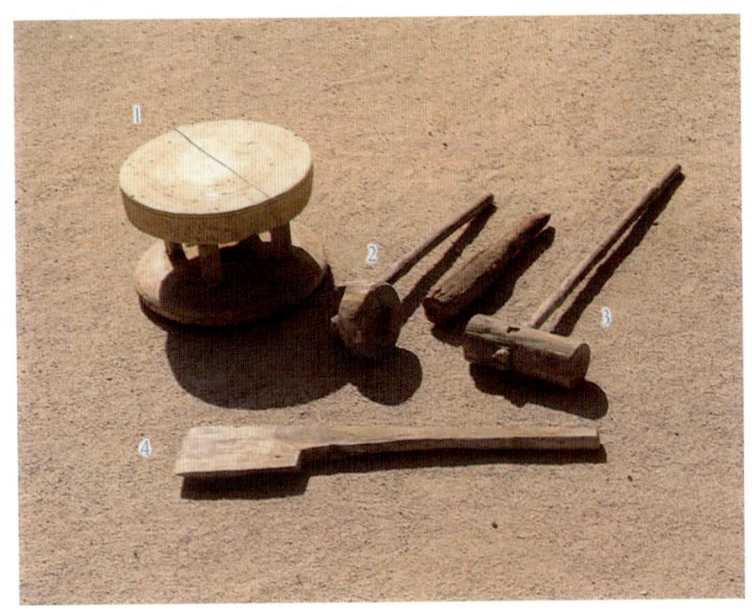

옹기를 만들 때 쓰이는 기구  1.물레 2.뚝매(떡매) 3.곤매(꽃매) 4.가래

의 기록에서 찾아볼 수 있다. 이 기록에 의하면 혼숫감으로 술, 기름, 간장, 젓갈류를 신부 집에 보낸 사실과 경덕왕(景德王)대의 관청 이름 가운데 '도등국(陶燈局)'이라 하던 것을 나중에 '와기전(瓦器典)'으로 고쳤다는 것에서 미루어 추정된다. 특히 고구려 고분 벽화에 묘사된 그림에서 큰 항아리를 사용하는 장면을 통해 이해할 수 있다. 또한 질그릇 표면에 나타난 유리질은 삼국시대 질그릇에서 발견되는 것으로 미루어 큰 독에 유약이 입혀져 있는 것을 옹기라 한다면 바로 삼국시대 유물에서 찾아볼 수 있겠다.

　이상과 같은 배경에서 발생한 옹기는 옹기점에서 생산하여 그곳에서 직매하기도 하였다. 옹기점에서 생산되는 옹기는 날그릇을 만들어 내는 움과 제작소 및 불에 구워 완성하는 옹기 가마 시설로 크게 나누고 있다.

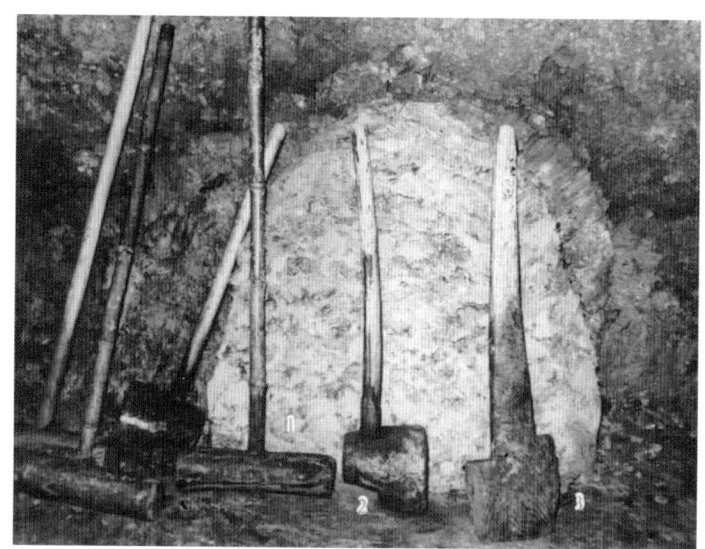

수비 작업 때 쓰이는 기구   1.곧매(꽃매) 2.뚝매(떡매) 3.가래

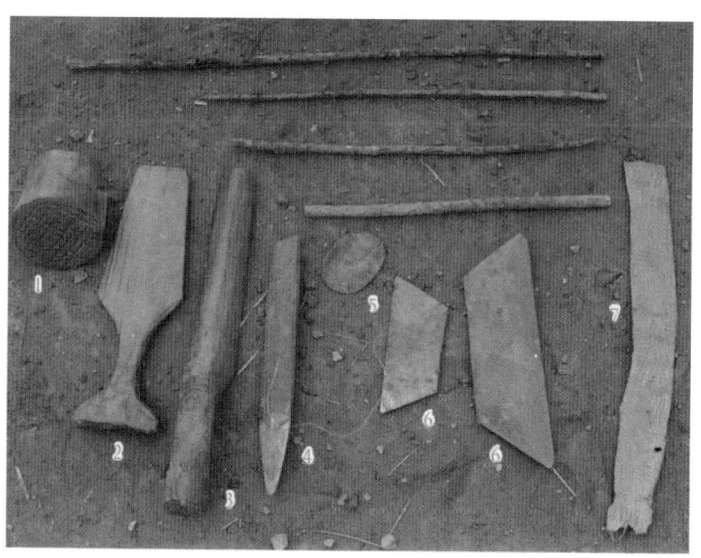

물레칸 작업 때 쓰이는 기구   1.도개 2.수래 3.방망이 4.밑가새칼 5.조가비 6.근개 7.물가죽

# 시설과 제작

옹기점에서 생산되는 옹기는 밑일, 대장일, 가마일 등으로 구분된 과정을 거쳐 완성된다.

## 밑일

재래식 공법은 움으로부터 날그릇을 만들어 내기 전에 생질꾼과 수비꾼에 의해 그릇의 원료인 조대질(흙)을 질밭으로부터 채굴하여 날그릇을 만들 수 있도록 한다. 우선 질대리기 좋게 이곳에 물을 뿌려 조대흙이 물에 붙도록 하룻밤 재우는데 이를 '재운생질'이라 한다.

재운질을 생질꾼이 한 곳에 끌어모으면서 감투매를 갖고 매질하면서 고작대미를 마련하는 공정까지 생질꾼이 담당하였다.

생질꾼에 의해 마련한 재래식 고작대미를 만드는 공법 대신에 1950년대 이후부터 옹기점에는 새로운 수비 공법을 들여왔다. 수비 공정은 생질꾼에 의해 채굴된 생질인 조대흙을 일단 넓은 마당에 펼쳐 놓고 햇빛에 건조시킨 것을 수비꾼은 이것을 물탕인 수비통 속에 적당히 넣어 물에 잘 풀리도록 하여 흙탕을 만든 뒤에 이 흙탕물을 수비탕에 옮겼다가 다시 수비밭에서 수분을 건조시킨다.

이와 같이 수비꾼에 의해 얻어지는 수비질을 사용한 옹기점은 경기도 강화도에서 처음 시도되며, 경기도 일대와 충청남도 일부 지역과 강원도 일부 지역에서 사용되어 왔다.

수비질을 필요로 하는 이유는 재래식 질대림질 또는 질내림질에서 얻은 흙에서는 잡물인 돌, 왕모래, 나뭇조각, 짚, 풀 등을 충분히 가려내지 못하므로 완벽한 옹기를 만들어 내기 위해서 도입된 공법이라 하겠다. 수비 공법이 우리 도토자 공예에 쓰이기는 일찍이 삼국시대부터라

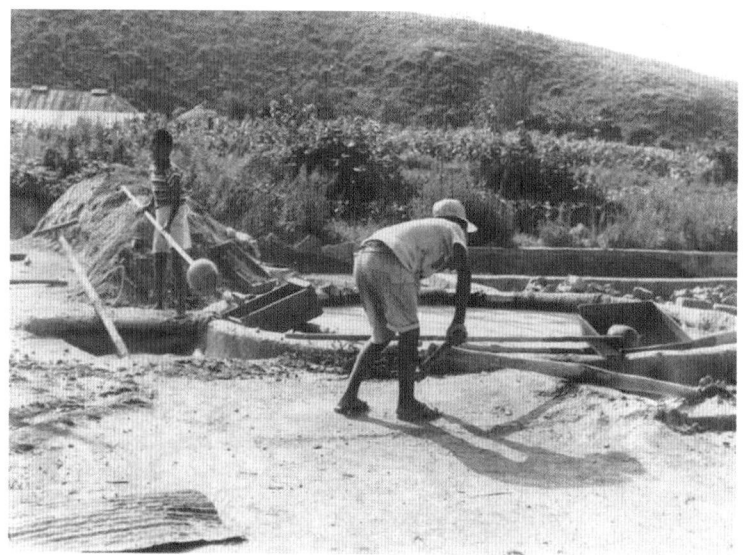

**수비 작업**  햇빛에 건조시킨 조대흙을 수비통 속에 적당히 넣어 물에 잘 풀리도록 하여 흙탕을 만든 뒤에 흙탕물을 수비탕에 옮겼다가 다시 수비밭에서 수분을 건조시킨다.

하겠으나 본격적으로 도입된 것은 고급 도자기를 생산하였던 고려시대 청자에서 찾아볼 수 있다.

이상과 같이 수비꾼이나 생질꾼이 담당한 과정이 1970년대 후반기에 들어서면서 급격한 노임 인상과 힘든 건아 작업을 기피하는 경향으로 기계에 의존하게 되었다. 기계 시설인 '롤러 밀(Roller Mill) 공법'을 등장시켜 복잡한 공정을 거쳐 정선된 바닥질을 준비하는 번거로움을 피하고, 돌이나 모래가 없는 밑질을 손쉽게 얻기도 하였다.

이상과 같이 재래식 공법에 의한 생질꾼 작업 공정이나 수비꾼에 의해 마련된 수비질이나 롤러 밀에 의해 돌이나 모래가 없는 질을 모아 놓은 고작대미를 만든다. 이로써 기초적인 공정은 일단 끝마치게 되며, 다음 단계는 건아꾼인 질종의 작업으로 이어지게 된다.

## 건아꾼 작업

건아꾼은 밑일을 마친 고작대미를 다시 손질하게 된다. 수비질은 완벽한 옹기를 성형할 수 있는 정선된 질이라 하겠으나 질의 끈기가 없으므로 끈기 있고 차진 흙을 만들어야 한다.

재래식 공법에 의해 이룩된 고작대미는 잡물이 완전히 제거되지 못한 불완전한 질이며, 롤러 밀에 의해 마련된 질은 여러 흙이 고르게 배합되지 못한 관계로 이것 또한 완벽한 옹기 질이 될 수 없는 까닭에 건아꾼은 다시 2차 공정을 하게 된다. 건아꾼은 이른바 '질종'이라 일컫기도 하는데, 이들은 대장(大匠)의 작업을 돕기 위하여 작업 직전과 그릇을 만들어 놓은 것을 뒤처리하는 공정을 도맡아 일하는 사람이다.

건아꾼과 대장은 '움'이라는 작업장 안에서 주로 활동하지만 생질꾼은 움 밖에서 주로 일하는 잡부이기도 하다. 움은 두꺼운 토벽에 의해 이룩된 건축물로서 넓은 내부 공간은 물레칸, 밑일칸인 대림질칸, 찬간 등으로 구분하여 이용하고 있다. 보통 움 한 건물 안에는 물레칸 서너 곳을 설치하고 있는 것으로 보아 3, 4명의 대장이 작업하며, 건아꾼은 2, 3명이 작업한다.

물레칸은 항상 밝은 빛이 쪼이는 동남쪽이나 남서쪽 방향과 남쪽에 위치하고 있다. 그러므로 건아꾼이 작업하는 대림질칸은 내부 중앙칸에서 작업한다.

건아꾼의 작업은 생질꾼에 의해 이루어진 고작대미를 깨끼칼과 감투매 또는 매통과 꽃매를 가지고 작업하게 된다. 고작대미에 쌓여 있는 생질을 우선 양 손잡이가 달려 있는 낫과 같은 흙깨끼칼로써 두께 0.2 내지 0.3센티미터 정도 얇게 깎아 내며 생질꾼이나 롤러 밀에 의해 제거되지 못한 잡물인 돌, 모래, 나뭇조각, 짚, 풀, 금속물 등을 다시 골라내는 깨끼질 작업을 하게 된다.

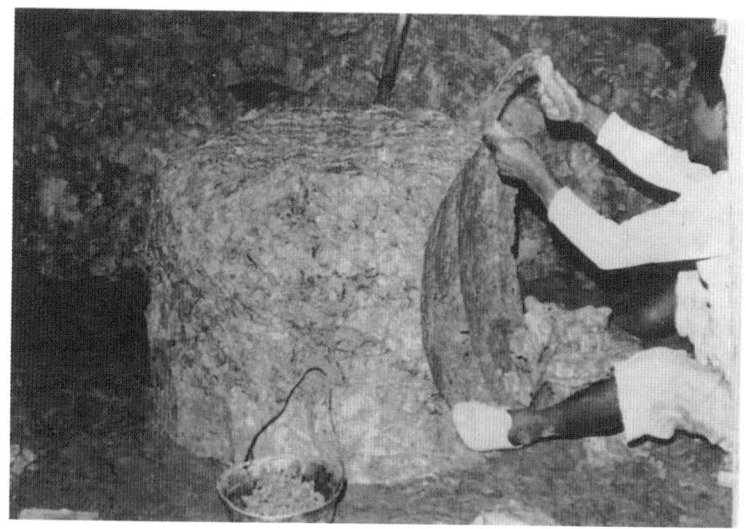

깨끼질　건아꾼은 고작대미에 쌓여 있는 생질을 우선 양 손잡이가 달려 있는 낫과 같은 흙깨끼칼로써 두께 0.2 내지 0.3센티미터 정도 얇게 깎아 내며 제거되지 못한 잡물 등을 다시 골라낸다.

　　잡물을 골라내는 작업뿐만 아니라 건조된 흙과 무른 흙을 좀 더 치밀하게 배합 혼합시키면서 흙 속에 고여 있는 공기를 빼내는 동시에 질을 부드럽게 만든다. 이를 가리켜 '첫깨끼한다'고 하는데 고작대미를 처음 깎는 작업을 말한다.

　　깨끼질을 하면서 깨낀 질을 40센티미터 정도로 둥글게 뭉쳐 놓은 길을 가리켜 '질덩이' 또는 '질뭉치'라 한다. 뭉쳐 놓은 질덩이를 손질하기 위하여 우선 움바닥에 백토 가루를 뿌려 놓고 그 위에 질덩이를 서너 줄로 늘어놓지만, 근년에 들어서는 백토 가루 대신에 마포나 광목 등의 길다란 포장을 깔아 놓은 뒤 그 위에다 질덩어리를 쭉 늘어놓고 매통이나 감투매로 고른 다음에 꽃매(곤매)를 가지고 골고루 두들긴다. 이 작업을 가리켜 '곤매질' 또는 '꽃매질'이라 한다.

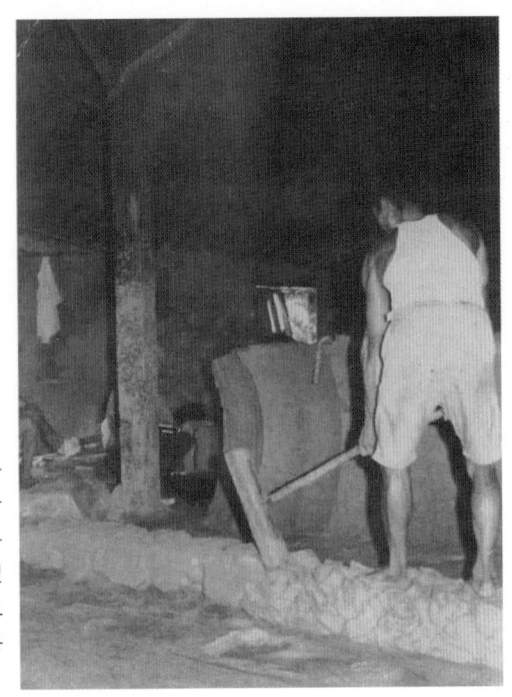

곧매질 깨끼질을 하여 뭉쳐 놓은 질덩이를 움바닥에 마포나 광목 등을 깔아 그 위에다 늘어놓는다. 질덩이를 매통이나 감투매로 고른 다음에 곧매(꽃매)를 가지고 골고루 두들긴다.

　곧매질이 끝나면 곧매를 다시 옆으로 뉘어 또다시 고루 치는 옆매질 작업을 한다. 옆매질 작업이 끝난 질을 가리켜 친흙·익은질·친질 등으로 부르는데, 익은질이라 함은 질을 반죽하였다는 뜻이다. 이 익은질을 목가래로써 운반하기 좋을 정도로 다시 잘라 이들을 한곳에 쌓아 올려 놓는다. 이렇게 쌓아 올린 고작대미를 만드는 것은 '대낸긴다'라고 하며, 이는 '다시 넘긴다'는 뜻이다.

　대낸긴 고작대미가 끝나면 또다시 깨끼를 가지고 고작대미를 두 번째 깎는데 이를 가리켜 '대깨끼한다'라고 부른다. 이와 같이 대깨끼, 곧 다시 깎는 작업을 진행하면서 다시 질덩이(질뎅이)를 만들고 마포 위에 늘어 놓은 뒤 매통이나 감투매로써 질을 대리고 난 뒤 다시 곧매질을 한다.

두 번째로 이긴질을 뒤집어 놓고 곧매질과 옆매질을 계속한다. 옆매질로써 질을 대린 뒤에 목가래로 방형으로 잘라 놓은 것을 가리켜 '판장질'이라고 한다. 대림질한 판장질을 손이 잘 닿지 않는 곳에 옮겨 쌓아 놓은 뒤 표면이 건조되지 않도록 물 헝겊 덮개로 덮어 놓는다.

질꾼인 건아꾼은 다시 대림질을 쩰줄인 삼줄 또는 철사줄로 적당한 크기로 잘라서 대장이 작업하는 물레칸 부근으로 옮겨 놓고 질재기 또는 판장질을 만들어 놓는다.

전라남도 지역을 제외한 다른 지역에서는 질재기라는 코일(Coil)을 사용하지만 전라남도만은 판장질이라는 특수한 코일를 이용하는 쳇바퀴 타램질을 하는데, 이러한 기법은 세계 유일한 기법으로 생각된다. 또 전라남도 지역을 제외한 전 지역에서는 건아꾼(질종)이 질재기를 준비해 놓지만 전라남도에서는 대장이 판장질을 직접 만들어 쓰고 있다.

질재기라 함은 흙덩어리를 떡가래와 같이 둥글고 길게 밀어 늘어뜨리는 것으로, 보통 4센티미터 정도로 빚으며 길이 1, 2미터 정도로 길게 만들어 놓는다. 이것으로 건아꾼은 물레 작업 전의 일을 일단 끝내게 된다.

## 물레칸 작업

물레칸 작업은 질대장의 일로, 날그릇을 만드는 전문 기술자이다. 질대장은 움 속에 밝고 활동하기 편리한 위치에 설치된 물레칸에서 그릇을 생산하는 일꾼이다. 건아꾼이 준비해 놓은 질재기를 가지고 도개와 수래를 비롯하여 근개, 밑가새, 점검대, 물가죽, 감잡이 등의 도구를 이용하여 날그릇을 만들어 내는 일을 맡고 있다.

물레칸에는 그릇을 만드는 기계 시설이 있는데 자기류를 만드는 물레보다 키가 낮고 투박스러우며, 물레 위 판의 높이는 지면보다 약간 낮은 위치에 설치해 있고, 대장은 지면과 같은 위치에 앉아 그릇을 만들

수 있도록 되어 있다.

1950년대에 들어서면서 차차 물레에 있어 중요 부품인 갈모와 뼈국이 대신에 베어링(Bearing)을 달아 회전에 유연성을 갖게 하였다. 우리나라에서 질그릇 제작에 있어 물레를 최초로 사용하였던 시기는 명확하지 않으나 학술 조사 결과에 따르면 신석기시대 말, 초기 청동기시대까지는 거슬러 올라갈 수 있겠으나 본격적으로 쓰인 시기는 초기 금속 시대부터 사용되었을 것으로 본다.

질대장은 물레칸에 오르기 전에 그릇의 밑뭉치를 여러 개 준비한 뒤 자리에 앉아 먼저 물레 위에 백토 가루를 뿌려 놓는다.

둥글넓적한 밑뭉치를 백토 가루를 뿌린 물레 중앙에 놓고 오른손에는 소나무로 만든 방망이를 잡고 적당한 두께로 두들겨 놓은 뒤에 점금대로 그릇의 밑바닥 규격을 정한다. 밑바닥을 정한 뒤 물레를 회전시키면서 나무칼인 밑가새로 정한 규격만큼 도려낸다.

밑창 작업이 끝나면 그 다음 단계는 그릇벽쌓기 작업으로서 이를 가리켜 '태림질한다'고 한다. 태림질을 하는 방법은 지역에 따라 약간의 차이가 있는데 현재까지 조사된 바에 의하면 대체로 네 가지 방법이 전해지고 있다.

일반적으로 사용되는 방법은 질재기를 한 단 한 단씩 쌓아 올리는 '똬리쌓기' 방법과 길다란 질재기를 나선형(螺線形)으로 계속 쌓아 올리는 '타래쌓기' 방법 그리고 도자기에서 흔히 보이는 '써리쌓기' 방법이 있으며, 이상의 벽쌓기 방법과는 판이한 기법으로 판장길형으로 길재기를 만들어 그릇 몸을 쌓는 '쳇바퀴 타램식'의 제작 방법이 있다. 이 네 가지 방법말고 현대식 석고 성형 틀 제조 방식 등이 도입되고 있다.

이상과 같은 성형 기법에 따라 그릇 벽을 쌓아 올리지만 기본적인 공정은 다음과 같다.

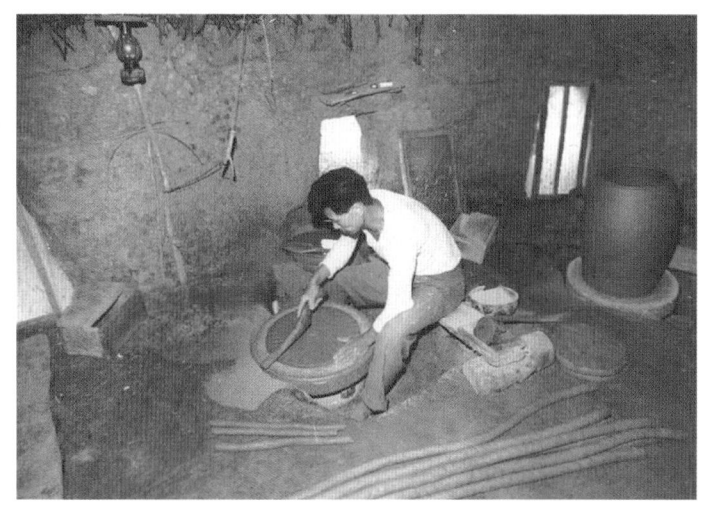

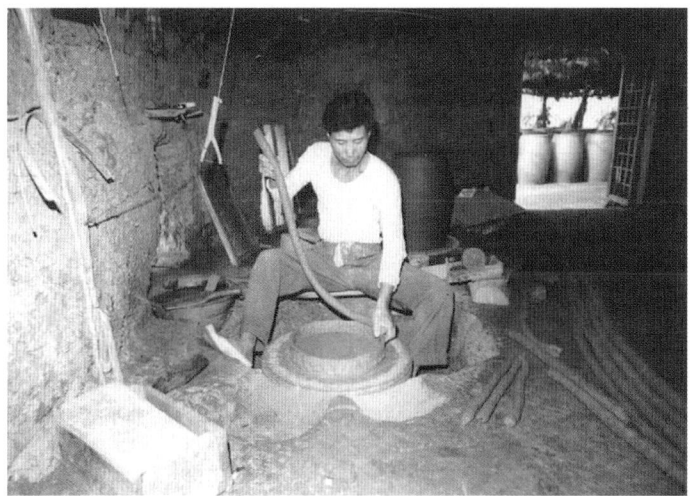

**방망이질** 질대장은 둥글넓적한 밑뭉치를 백토 가루를 뿌린 물레 중앙에 놓고 소나무로 만든 방망이를 잡고 적당한 두께로 두들겨 놓은 뒤에 점금대로 그릇의 밑바닥 규격을 정한다. (위)

**청태림 작업** 밑창 작업이 끝나면 그릇벽쌓기 작업으로서 태림질을 한다. 첫 단계는 그릇 바닥과 접하는 그릇 밑의 벽을 형성하는 1단의 태림 부분을 만드는 일이다. 이 단을 가리켜 '청태림'이라 한다. (아래)

첫 단계는 그릇 바닥과 접하는 그릇 밑의 벽을 형성하는 1단의 태림 부분을 만드는 일이다. 이것은 대체로 그릇 밑부분을 마련하고 남은 바닥 조각을 그대로 이용하는 경우도 있으며, 또는 질재기를 밑바닥 둘레 길이만큼 마련하여 물레 위에 놓고 방망이로 납작하게 두들겨서 이것을 그릇 바닥 주위에 돌려 붙이는 경우도 있다. 이 낮은 단의 부분을 가리켜 '청태림'이라 하며 이 작업을 가리켜 '정태림질한다'고 한다.

청태림 작업이 끝나면 질재기 조각을 가늘게 늘여서 바닥과 정태림이 연접되는 안쪽 부분을 매끔질하는데 이를 가리켜 '고역돌린다'고 한다. 고역을 돌리는 이유는 청태림과 바닥을 좀 더 견고하게 밀착시키기 위한 공법이라 하겠다.

고역 작업이 끝나면 곧 청태림 위에 질재기로써 벽쌓기 일을 시작한다. 정태림 위에 올려놓은 1단의 질재기를 가리켜 '첫태림'이라고 한다. 보통 경기도·충청남북도·강원도·전라북도에서는 태림질 방법을 주로 사용하고 있으며, 경상도 지방에서는 나선형으로 타래쌓기 방법으로 쌓아 올리지만 청태림 작업은 동일하다.

태림질을 한 뒤에 태림과 태림이 접착하는 부분이 좀 더 잘 접착할 수 있도록 메우기 작업을 하는데 이를 가리켜 '매꿈'이라 한다.

태림질을 할 때에는 전혀 도구를 사용하지 않고 맨손으로 그릇 벽을 쌓아 올린다. 질재기를 청태림 위에 올려놓고 왼손은 태림 바깥에 대고 오른손은 태림 안쪽에서 바깥쪽으로 인지(人指)를 폈다 오므렸다 하면서 태림질을 한다. 이때 오른손의 엄지손가락과 인지는 그릇 안쪽 벽과 태림 뒷면을 늘이는데, 이때 왼손바닥은 태림을 받치는 역할을 한다.

이 작업에서 왼손의 역할은 받치는 작용을 하므로 이를 가리켜 '받침손'이라 하며, 오른손은 '태림손'이라 부른다. 서울을 비롯하여 근교, 경기도, 충청도 지방에서는 보통 항아리를 만들 때는 태림을 3단 내지 4단

쌓아 올리는데 이와 같이 쌓아올린 부분을 '밑걸이'라 한다.

밑걸쌓기가 끝나면 옹기 도구를 이용하기 시작하는데, 오른손에는 수래라는 부채를 잡고 왼손에는 도개를 잡고 그릇 벽을 고루 두들기는데 이 과정을 가리켜 '수래질을 한다'라고 부른다. 왼손은 그릇 안쪽에서 도개를 잡고 그릇 벽을 받치며, 오른손은 그릇 밖에서 수래로써 그릇 표면을 고른다. 이때에 대장의 작업 자세는 물레의 오른쪽을 향하여 물레를 안쪽으로 서서히 오른쪽 발로 돌리면서 수래질을 한다. 수래질이 끝나면 곧이어 그릇 벽을 일정한 두께로 유지시키며 고르게 하기 위하여 근개를 사용한다.

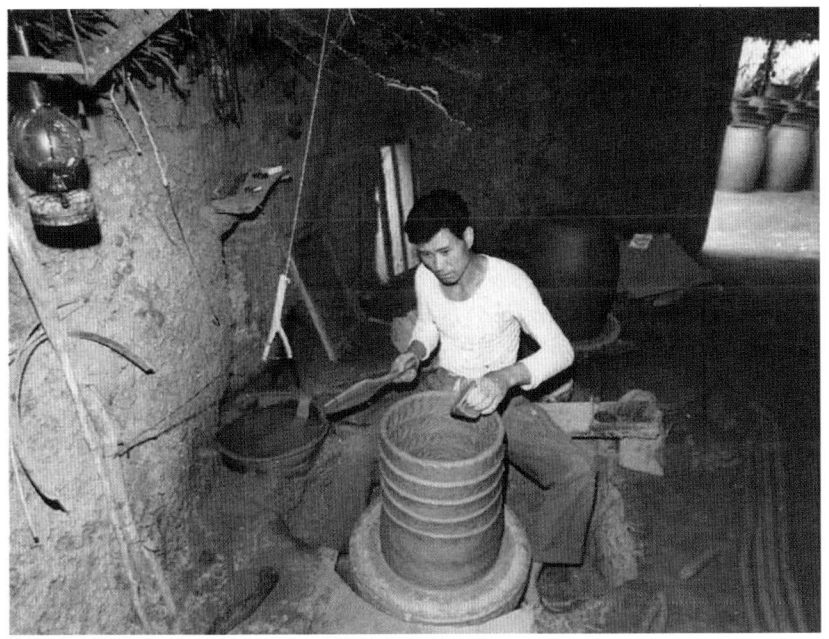

수래질　밑걸쌓기가 끝나면 옹기 도구를 이용하기 시작하는데, 오른손에는 수래라는 부채를 잡고 왼손에는 도개를 잡고 그릇을 고루 두들긴다.

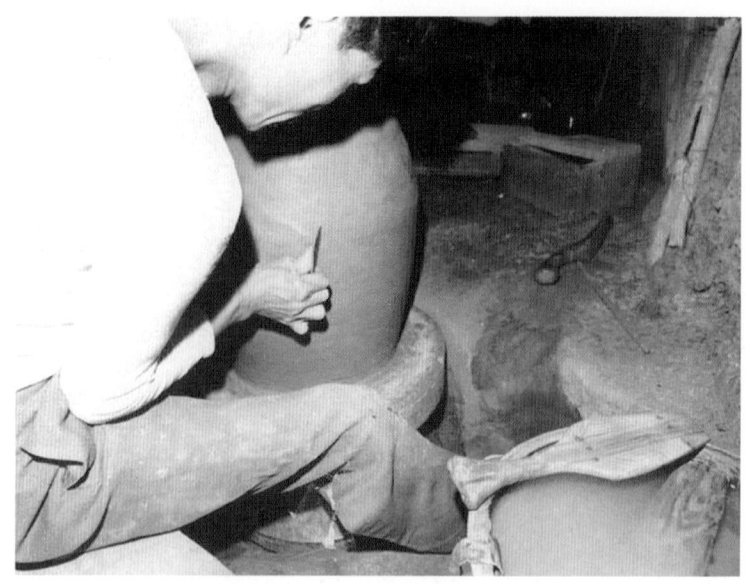

근개질  수래질이 끝나면 곧이어 그릇 벽을 일정한 두께로 유지시키며 고르게 하기 위하여 근개를 사용한다.

근개는 안근개와 바깥근개로 구분되는데, 안근개는 옛날에는 대합조개나 밥주걱과 같이 한 면이 곡형을 이룬 것으로서 이는 만들려는 그릇 안쪽의 곡선을 유지하는 역할을 한다. 바깥근개는 사다리 모양으로 높이는 낮게 만들어 근개 날 면이 길고 등은 짧은 것인데 마치 신석기시대의 반월형 석도와 비슷한 것으로, 그릇 표면을 고르는 기구로 사용되고 있다. 바깥근개는 오른손으로 잡고 바깥에서 그릇 벽을 누르고, 안근개는 왼손으로 잡고 그릇 속에서 각각 그릇을 향해 서로 맞대면서 그릇 벽을 고르는 동시에 그릇의 부분인 밑걸 모양을 어느 정도 만들어 놓는다. 이때에 대장의 동작은 왼발 또는 오른발로 물레를 시계 반대 방향으로 빠르게 돌린다.

일단 밑걸 부분이 완성되면 또다시 그릇의 중간 부분에 해당되는 중

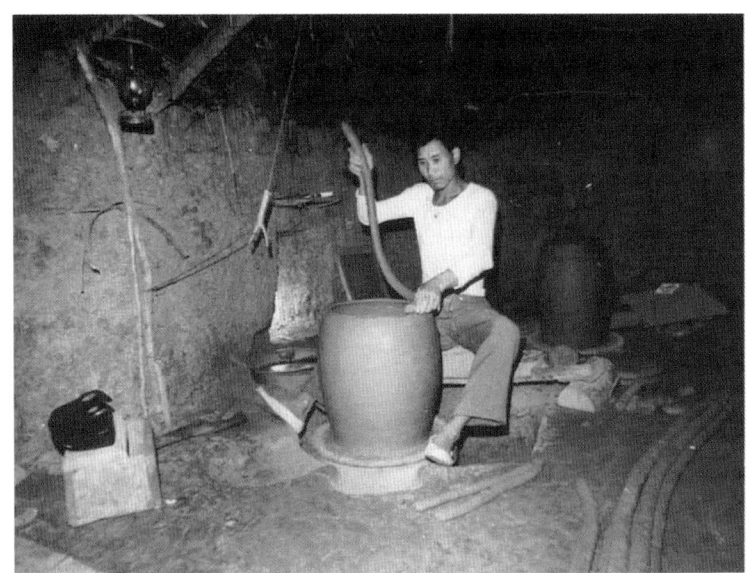

윗걸  중걸(배) 위에 다시 그릇의 어깨와 마구리(입) 부분의 벽쌓기를 하는데 이 부분을 '윗걸'이라고 한다.

걸 부분을 쌓아 올리게 된다. 중걸도 밑걸과 같이 질재기를 3, 4단을 올려놓은 뒤 수래질과 근개질을 한다. 이 부분은 옹기그릇의 가장 넓은 배 부분에 해당된다. 중걸 위에 다시 그릇의 어깨와 아구리 부분의 벽쌓기를 하는데 이 부분을 '윗걸'이라고 한다.

　윗걸에 대한 근개 작업이 끝나면 키 점검대와 아구리 점검대를 가지고 규격을 잡게 된다. 곧 키 점검대로 키를 정한 뒤 '목가새'라고 하는 흙칼을 갖고 필요 없는 부문을 잘라낸 뒤 아구리 점검대로 아구리를 만든다. 목가새로 윗부분을 도려낸 뒤 물가죽을 가지고 그릇의 입인 아구리 부분의 모양을 만든 뒤 감잡이로써 그릇의 목 부뷰과 입술 감잡이 부분을 곱게 정리한다.

목가새 윗걸에 대한 근
개 작업이 끝나면 키 점
검대로 키(규격)를 정한
뒤 목가새라는 흙칼을
갖고 필요 없는 부분을
잘라낸다. 그 뒤 물가죽
으로 그릇의 아구리 부
분의 모양을 만든다.

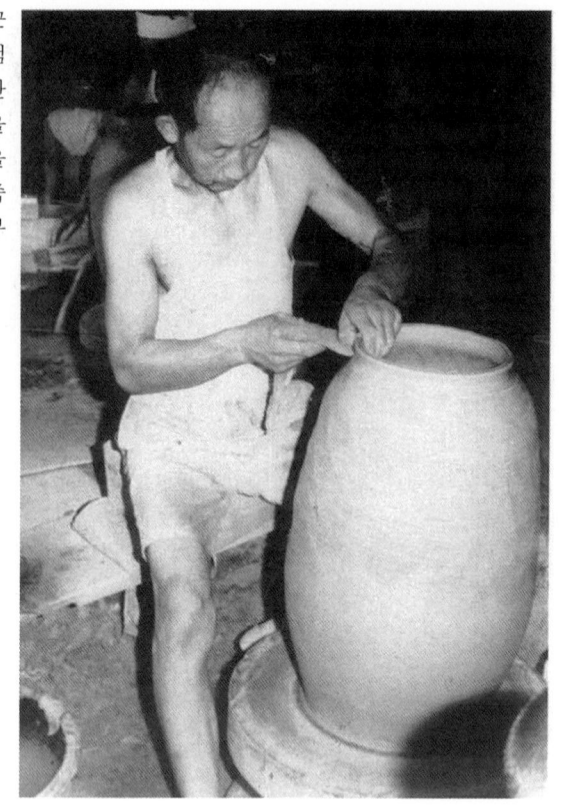

　　이 감잡이 작업이 끝나면 다시 감잡이를 이용하여 그릇의 배 부분과
어깨 부분에 통 따나 용 띠, 붕어, 꽃 도장 등의 장식을 한다. 이때에도
왼손은 그릇 속에서 맨손으로 그릇 벽을 받치고 오른손은 감잡이를 잡
고 여러 종류의 무늬를 장식한다.
　　이상과 같이 그릇 표면에 장식 작업이 끝나면 곧 밑가새(쇠)를 가지고
물레를 빠르게 돌리면서 그릇 밑을 곱게 깎아내는데 이를 가리켜 '밑가

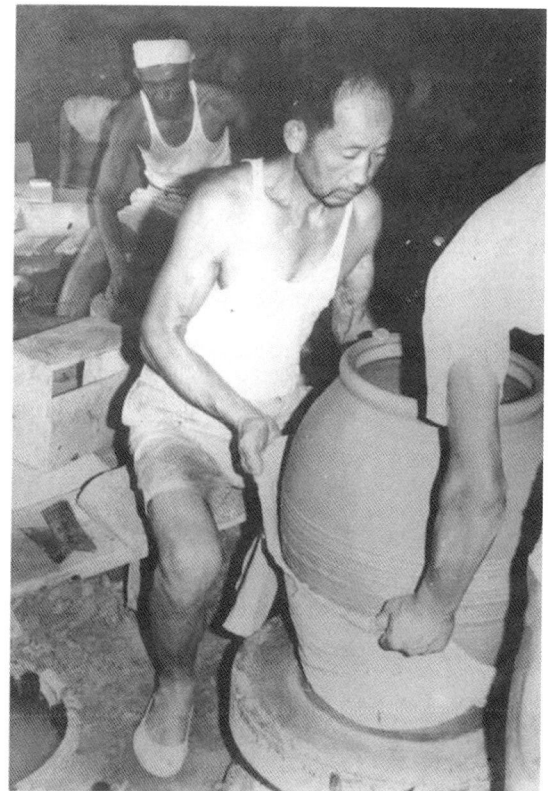

들보　물레에서 옹기를
다 만든 뒤에는 들어내
는 작업을 해야 하는데,
큰 그릇일 경우에는 들
보를 이용하여 움 밖으
로 옮겨 놓는다.

신다'라고 한다.

　밑가신 뒤에는 물그릇을 들어내는 작업을 하는데 소형일 경우에는
대장 독단으로 '들체'라는 도구를 이용하여 물레칸 밖으로 들어낸다. 그
렇지 못할 경우, 곧 큰 그릇일 경우에는 건아꾼과 함께 들보를 이용하여
물레에서 들어내 움 밖으로 옮겨 놓는다.

## 건아일

'건아'라 하면 '건조한다'라는 뜻을 갖고 있다.

경기도, 충청도, 강원도, 경상북도 일부에서는 움 밖에 '송침'이라는 시설을 마련해 놓고 그늘지게 한다.

물그릇을 바로 송침 밑에 옮겨 놓으면 이때부터 건아꾼이 다시 도맡아 일을 하게 된다. 물그릇을 송침 밑 응달이나 응달진 곳(그늘진 곳)에 옮겨 놓은 것을 건아꾼이 정성껏 손질한다. 건아꾼은 송침 밑에 옮겨 놓은 물그릇이 바람에 의해 윗부분부터 어느 정도 마르면 물그릇을 엎어 놓은 뒤 바닥을 가볍게 두들기면서 중앙부를 약간 들어가게 한다. 이것은 가마구이할 때 밑이 솟아오르는 곳을 방지하기 위한 공법으로 '바닥을 우긴다'라고 부른다.

마음대로 물그릇을 옮길 수 있을 정도로 얼마 동안 건조시킨 다음 물그릇에 옷을 입힌다. 옷을 입힌다는 것은 유약을 입히는 것으로, 이 과정을 가리켜 '잿물친다' 또는 '잿물입힌다', '옷입힌다'라고 한다. 잿물의 원료는 약토와 솔잎 재인 솔가지 재가 좋으며, 상질의 것은 콩깍지·풀잎 재가 매우 좋다고 한다. 잿물은 이상의 재료를 적당히 배합하여야 색깔이 좋으며, 약토와 재의 비율은 바닥 흙과 약토에 따라 다르다.

건아꾼은 물그릇을 잿물탕으로 옮겨 잿물탕 속에 집어넣고 물그릇을 한 바퀴 굴리면 잿물이 물그릇 표면에 고루 입혀지는데, 잿물에 거품이 일지 않도록 해야 한다. 잿물옷을 입힌 물그릇은 잿물탕에 마련되어 있는 괼대 위에 엎어 놓아 그릇에 묻고 남은 잿물을 걸러 낸다.

이와 같이 어느 정도 물이 흘러내린 뒤 이를 다시 송침 밑이나 햇볕 밑에 옮겨 놓고 그릇 배 부분에 양손으로 난초나 목단꽃 무늬를 그리고 나비 또는 물고기 문양 등을 그리는데, 이를 가리켜 '환친다'라고 한다.

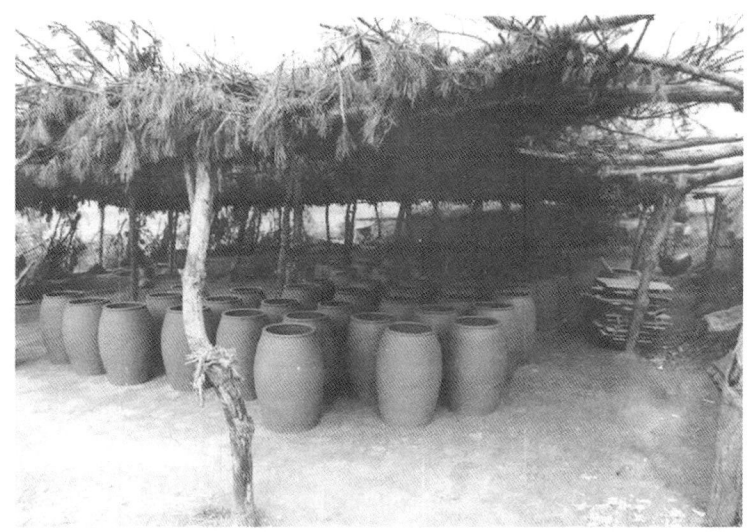

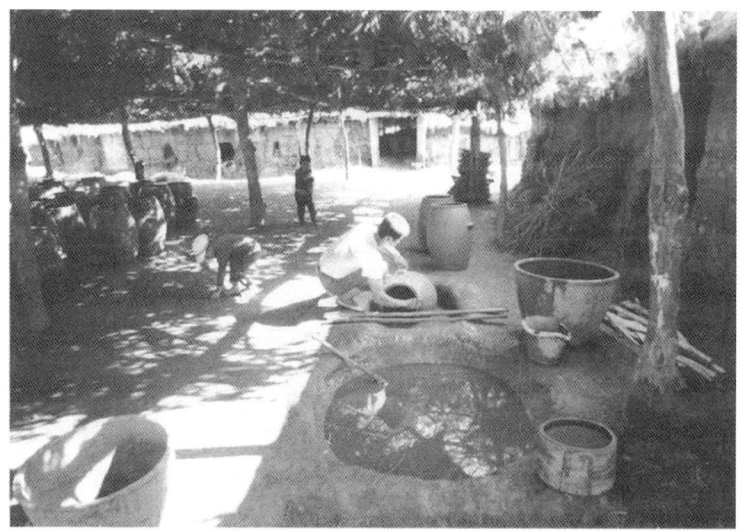

건아 작업  물그릇을 솔침 밑 응달이나 응달진 곳에 놓고 마음대로 옮길 수 있을 정도
로 건조시킨다. (위)
잿물입히기  건조시킨 물그릇에 옷을 입힌다. 옷은 잿물로 입히는데 약토와 솔잎 재인
솔가지 재가 좋으며, 상질의 것은 콩깍지·풀잎 재가 매우 좋다고 한다. (아래)

수화문(手書文)에 나타난 문양의 종류

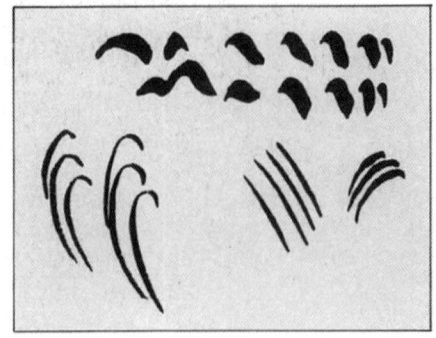
죽엽문(竹葉文)

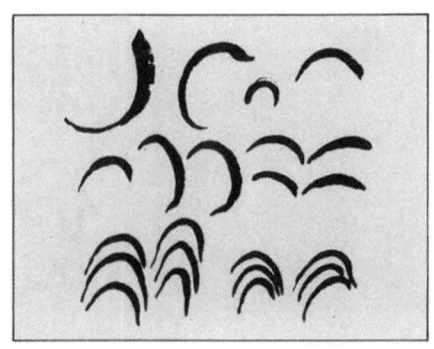
홍형문(弘形文)

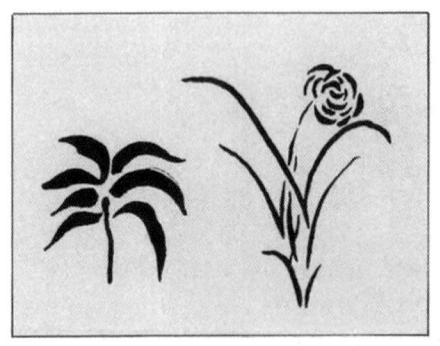
초화문(草花文)

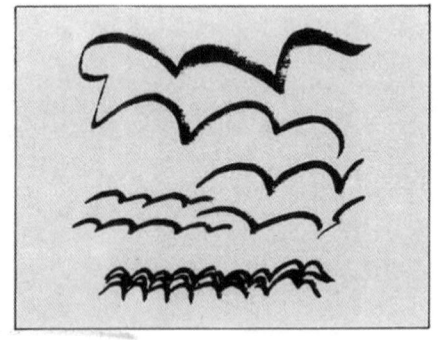
파곡선문(波曲線文)

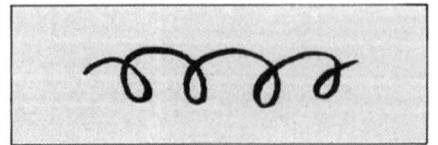
용수철문

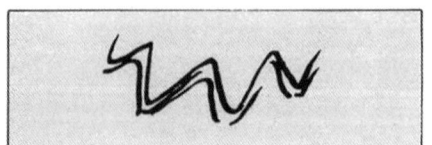
지그재그문

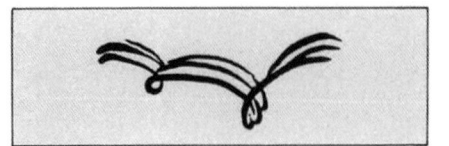
매듭문

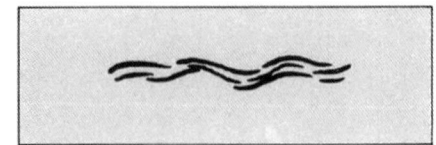
파상문(波狀文)

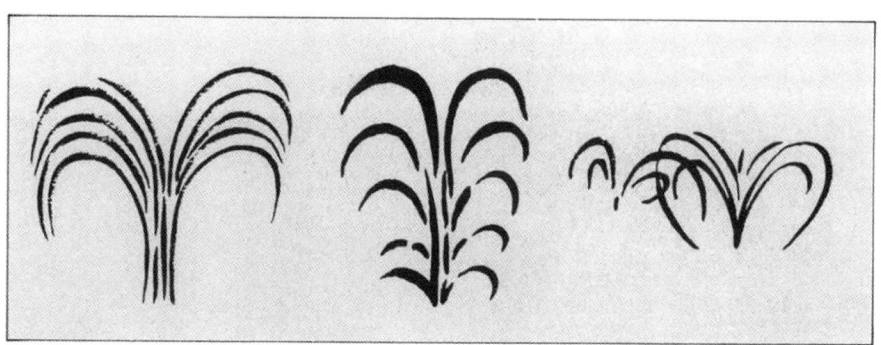

대칭초화문

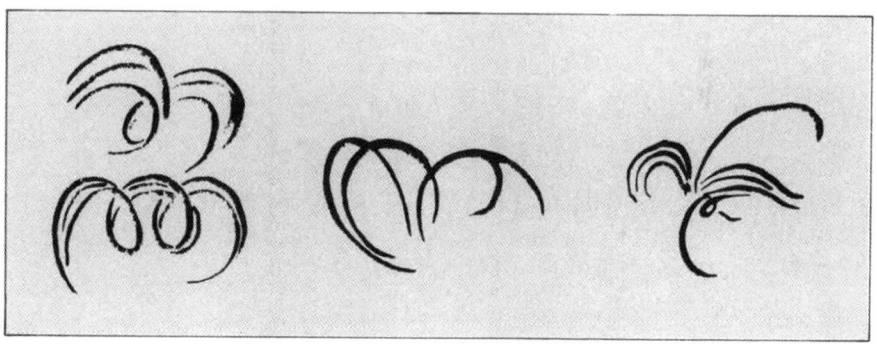

운문(雲文)

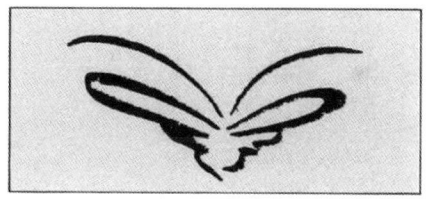

나비문

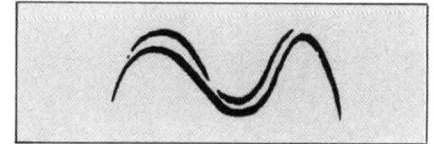

산형문(山形文)

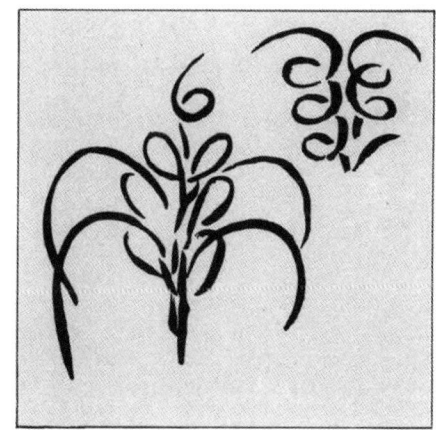

곡식문(穀食文)

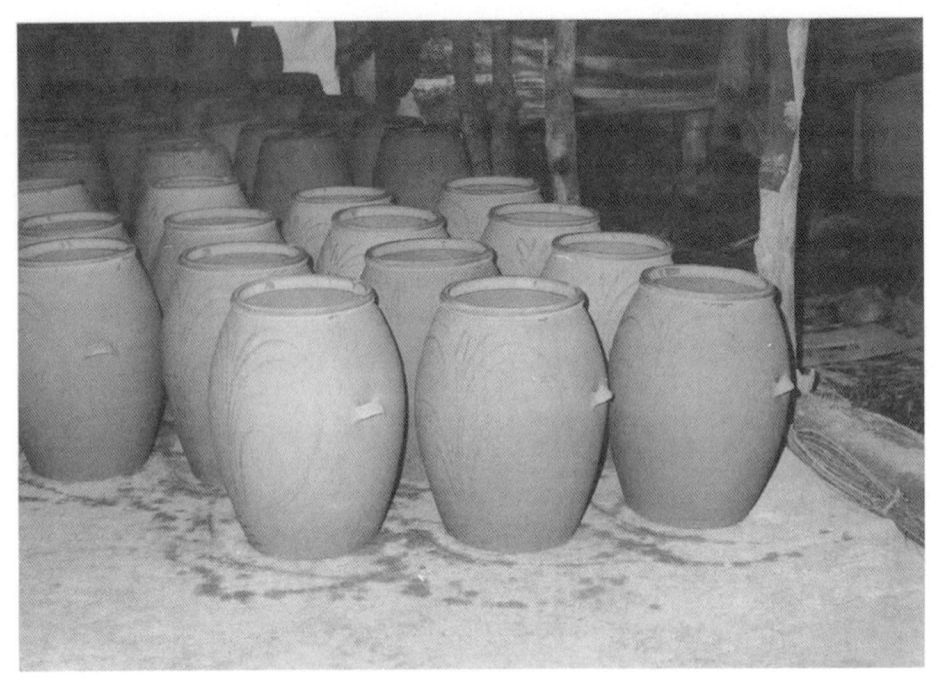

환치기   어느 정도 잿물이 흘러내린 뒤 그늘진 곳에 옮겨 놓고 그릇 배 부분에 양손으로 문양을 그린다. 이를 가리켜 '환친다'라고 한다.

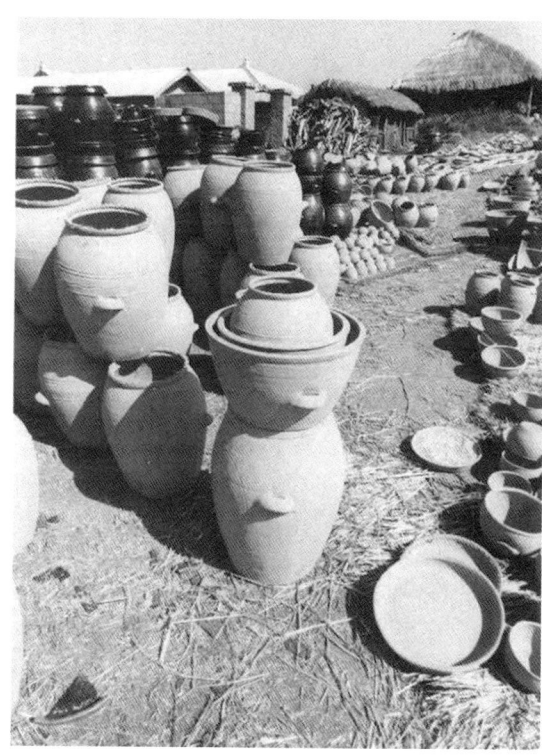

환친 그릇이 강한 햇볕에 놓아도 파손되지 않을 정도로 건조되면 이
물그릇을 햇볕에 다시 건조시킨다. 건조된 그릇을 가리켜 보통 '날그릇'
이라 하며, 이 날그릇이 완전히 건조되면 이것을 헛간이나 창고 안(찬간,
헛동막)에 종류별로 쌓아 저장하여 놓는다. 종류별로 쌓아 올린 것을 가
리켜 '서린다'라고 한다.

헛동막에 서려 놓은 날그릇이 한 가마 분량이 되면 또다시 마당에 옮
겨 놓으며 한 번 더 햇볕에 건조시키는데 이를 가리켜 '강정한다'라고 한
다. 강정하는 이유는 헛동막에 저장되는 동안 자연히 흡수된 습기를 제
거하기 위해서이다.

## 가마 작업

가마 작업은 주로 대장이 주역이 되며 생질꾼과 건아꾼, 잡부는 뒷일을 맡고 있다. 가마 작업이 시작되면 옹기점이 아주 분주하며, 찬간에서는 날그릇을 햇볕에 강정하는 일부터 시작하며 창솔 준비와 화목 준비를 하게 된다. 일단 강정된 날그릇을 가마굴 속으로 옮기는 일부터 시작되는데 굴속으로 옮겨진 날그릇은 서리게 된다. 날그릇을 서리기 위하여는 도침을 사용하는데 이는 날그릇의 수평을 잡는 도구이다.

도침은 '괴인돌'이라고도 하며 내화토로 주먹만하게 뭉쳐 구운 것으로, 그릇 밑바닥에 고루 불기가 들어가도록 하기 위함이다.

그릇을 굽는 가마는 도자기 가마와는 달리 경사진 곳에 길다란 통가마 모양을 취하고 있는 가마 형태는 통가마인 뺄불통가마나 조대불통가마는 모두 가마칸의 시설을 갖고 있으며 다만 불통 부분이 다를 뿐이다.

뺄불통가마는 불통과 가마칸이 일직선으로 마련되어 있으나 조대불통가마는 특수한 구조로서 불통과 가마칸과는 90도로 꺾여 만들어진 것으로 세계 유일한 구조라고 하겠다.

이 가마는 1967년대 발견되어 1973년경에 없애 버렸던 것을 1989년에 재현하게 된 것으로, 충청남도 홍성군 갈산면 동성리 (忠淸南道洪城郡 葛山面東星里)에 소재하는 것이다. 이 가마는 세계 유일한 가마 모양으로, 경영주는 75세의 이종각(李鐘珏)이다.

1957년경에 새로 등장한 가마 구조는 뙤통가마로서 일명 '칸가마' 또는 '개량식 가마'라고 일컫기도 한다. 이 가마는 경상남도 울주군 언양면 고산리(慶尙南道蔚州郡彦陽面高山里)에 영남 요업을 경영하였던 고 (故) 허덕만(許德滿) 씨에 의해 처음으로 개량굴을 만들어 마침내 전국 옹기굴로 개비 보급하게 되었다.

이상과 같이 여러 종류의 가마 구조가 마련된 속에 가마 작업이 실시

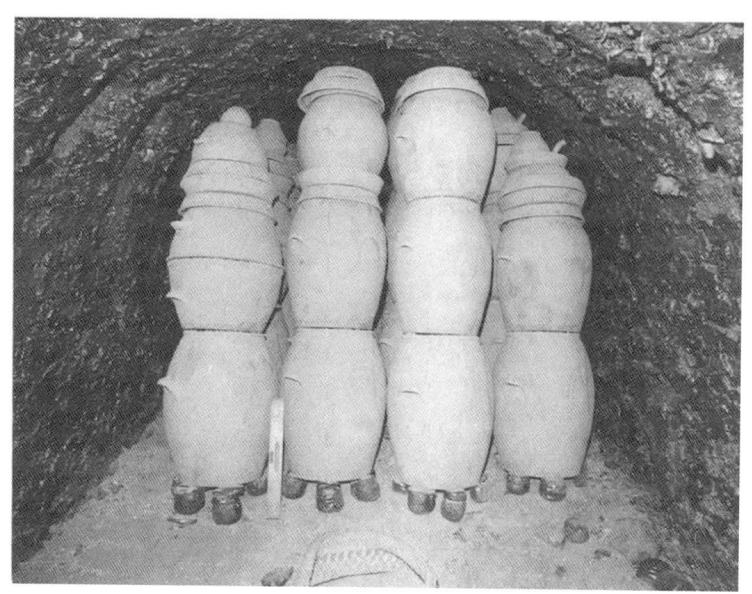

가마 서리  강정된 날그릇들은 굴속으로 옮겨 큰 것부터 작은 것 순서로 차곡차곡 쌓는다.

된다. 가마 끝 굴뚝 부분부터 날그릇을 서리는데, 바닥 그릇은 대체로 큰 독을 수평 되게 올려놓고 그릇 속 바닥에 왕모래를 뿌려 질그릇을 넣는다. 큰 독 속에 들어간 그릇을 가리켜 '속' 또는 '속그릇'이라고 부른다. 보통 가마 속에는 날그릇을 3단 3줄로 포개어 쌓아 올리는데 밑에 놓이는 것을 '밑통', 중간에 놓이는 것을 '개피중통', 맨 위에 놓이는 것을 '개피'라고 한다. 속그릇을 넣고 굽기 시작한 시기는 1950년대 이후부터 시작하였다.

개피중통을 올려놓을 때 밑통과 개피통이 붙지 않도록 하기 위하여 주둥이 위에 밀가루 풀을 바르고 그 위에 왕모래를 뿌려 놓은 뒤 항아리를 놓는 경우와 공뚜껑 또는 공뚜벵이를 올려놓고 개피중통을 놓는 경우가 있다.

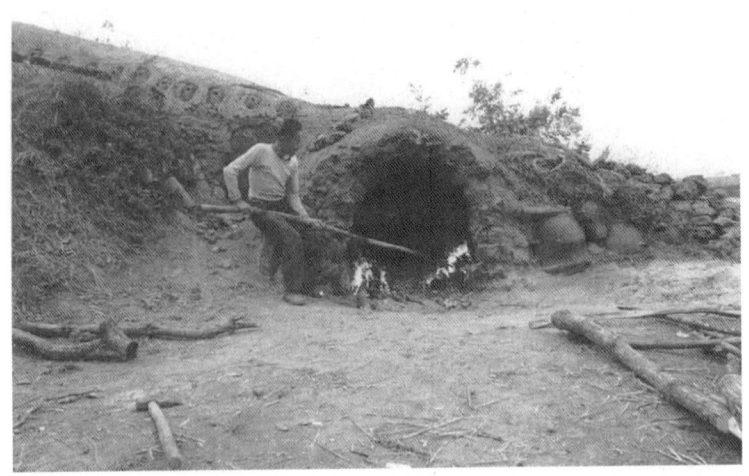

**갈름피움불**  가마에 최초로 불을 지피는 것으로, 불통 입구 좌우에 나누어 피우는 경우이다.

　이와 같은 방법으로 개피까지 올려놓은 뒤 그 위에 자배기나 뚜껑을 올려놓고 다시 천장 공간을 질그릇으로 채우면서 불통 부분까지 서려 내려온다. 완전히 가마 속에 날그릇을 서린 뒤에는 화문을 막고 불통에서 피움을 하게 된다. '피움불'이라 하면 가마에 최초로 불을 지피는 것으로, 이는 불통 입구 좌우에 나누어 피우는 경우와 가마 입구에 바로 피우는 경우 또는 불통 한쪽에서 피우는 방법이 있다.
　피우는 방법은 대장이 관장하여 피우지만 각자의 습성에 따라 한 가지 방법으로 피우는 경우가 많다. 약 45시간 정도 피우면서 가마 속의 습기와 냉기를 제거하면서 서서히 온도를 높이며 안전하게 굽도록 한다. 45시간이 경과하는 동안 차차 불은 돋군불이 되며, 이 돋군불은 약 30시간 지속된다.

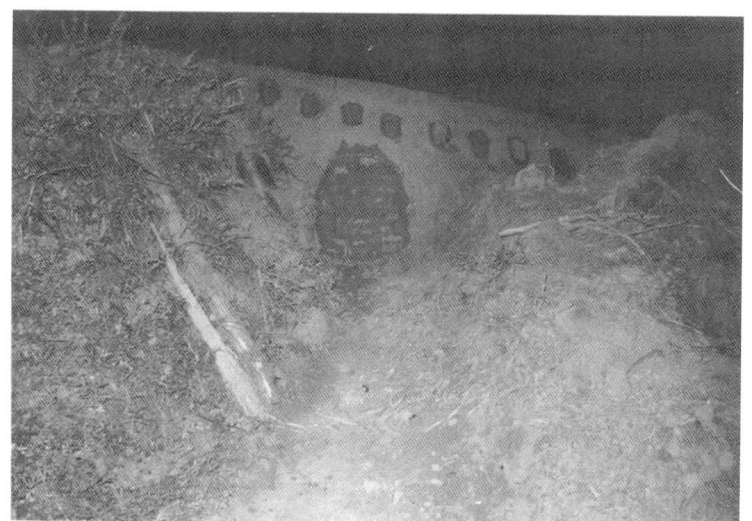

**가마피움 마무리 작업**   창불이 끝나는 대로 찬바람이 가마 속으로 스며들지 못하도록
준비된 이긴 흙으로 굴뚝과 불통을 빈틈없이 막는다.


　피움불과 돋군불이 진행되는 동안에 가마 속에 서려 놓은 날그릇의
표면은 완전히 검은색으로 입혀진다. 이 돋군불이 첨불로 진행되는 동
안 갈름피움불은 차차 맞불로 된다.

　이와 같이 불통 양쪽에서 피웠던 불덩이는 차차 연결되면서 불길은
가마통 속을 완전히 메워 가마 속으로 들어가게 된다.

　그릇과 가마통이 불길에 달궈짐에 따라 그릇 표면에 덮여 있었던 검
정은 차차 열에 의해 연소한다. 검정을 없애는 불길을 가리켜 '백금불'
또는 '배낌불'이라고 한다. 백금불은 약 5시간 지속되며 이어 큰불에 들
어가게 된다.

　불통 앞에 놓여 있는 그릇을 '불매기 그릇'이라 부르며, 그 그릇은 많
은 재티가 붙어 잘 쓰지 않으나 거름통 종류로 많이 사용된다.

큰불이 약 2시간 내지 4시간 정도 지속하면 다음 단계로 가마통 양쪽에 마련된 창솔 구멍을 통해 가마 온도를 판단하면서 창불 작업에 들어간다. 창불 작업은 대장이 담당하는 것으로, 양쪽에서 두 사람의 대장이 창솔을 가지고 가마 속의 그릇 빛깔을 보면서 창솔 넣는 것을 조절한다. 창솔을 넣는 이유는 잿물을 녹이기 위해서이다. 창솔이 불통 쪽부터 계속 위로 올라가는 동안 불통에서는 뒷불을 피우는데 이를 가리켜 '뒷게 한다'라고 한다.

옹기를 굽는 온도는 약 950도 내지 1110도 정도에서 구워지며, 창솔을 땔 때마다 창때기를 덮으면서 건아꾼, 생질꾼 들은 진흙으로 공기가 새나가지 못하도록 밀폐시킨다.

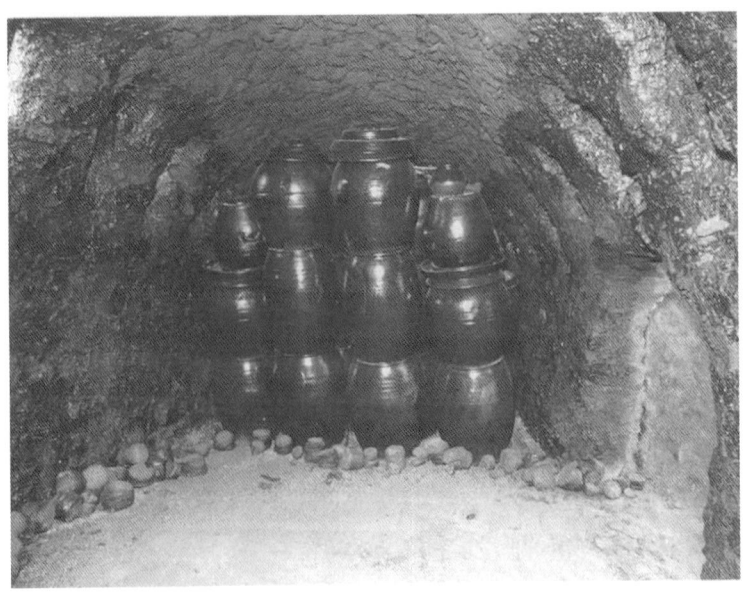

가마 속에서 완전히 익은 옹기의 모습

이상과 같은 공정은 주야 1주일 동안 계속되며, 맛창·끝창솔이 끝나기 전에 굴뚝도 막으며 뒷게도 끝내면서 아궁이와 창솔 구멍·굴뚝 등을 완전히 밀폐시킨다. 밀폐된 가마는 1주일 뒤에 가마를 열고 익은 그릇을 끄집어내게 된다. 이것을 '옹기'라고 한다.

　이상과 같이 옹기는 여러 공정과 여러 사람의 협동으로 제조되는 협동 민속 공예라는 점에서 우리 민족의 표상이 되었던 것이다.

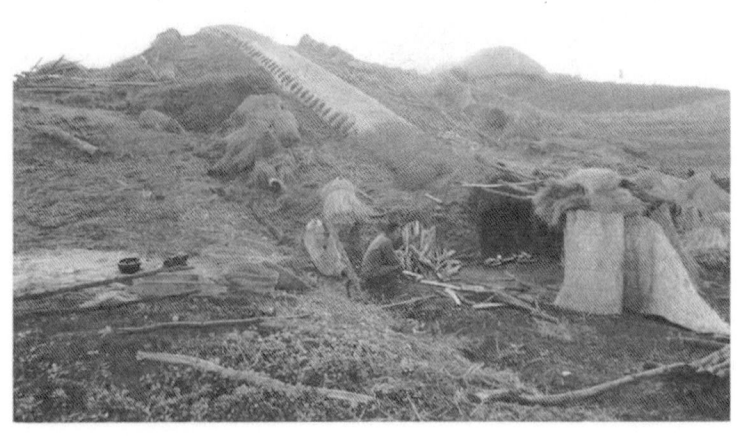

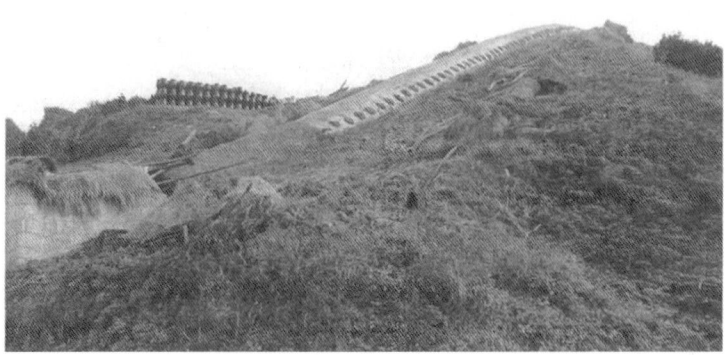

**뺄불통가마**  불통과 가마칸이 일직선으로 되어 있어 '통가마'라고도 한다. (위 정면, 아래 측면)

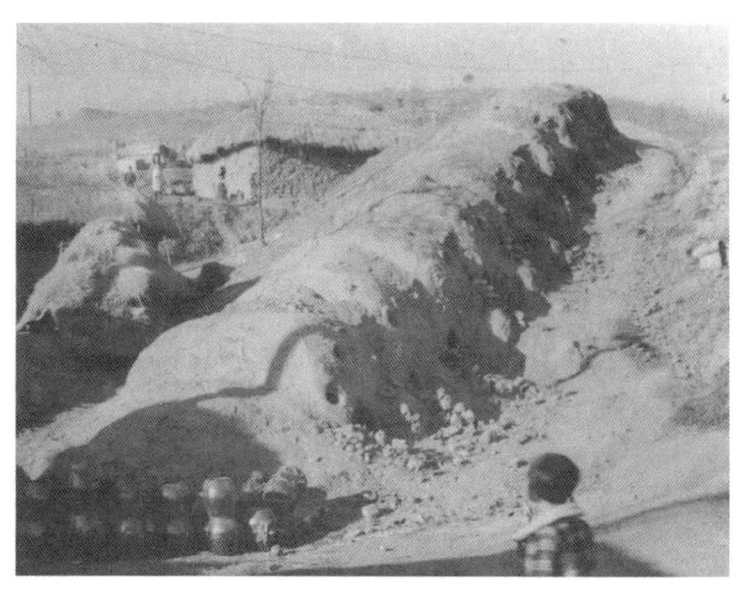

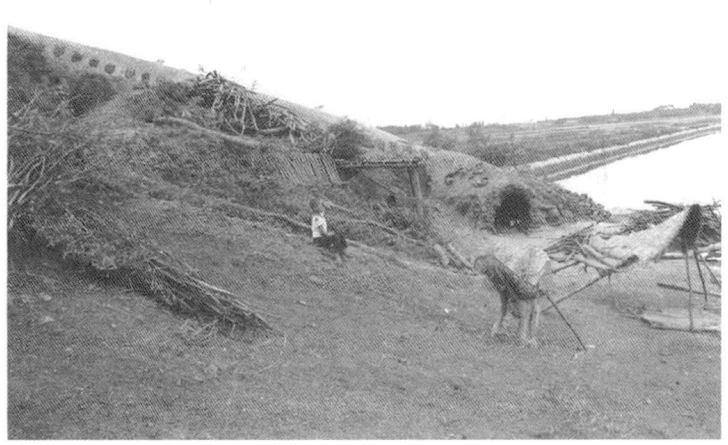

**칸가마** 1957년경에 새로 등장한 가마 구조는 뙤통가마로서 일명 '칸가마' 또는 '개량식 가마'라고 일컫기도 한다. (위)

**조대불통가마** 특수한 구조로서 불통과 가마칸과는 90도(ㄱ 자형)로 꺾여 만들어진 것으로, 세계 유일한 구조이다. (아래)

# 부록

1987년 문화재관리국에서 중요무형문화재 지정을 위한 조사 기획에 따라 옹기에 대한 무형문화재 조사보고서 제172호(조사자: 정명호)가 간행되었다. 이 보고서 가운데 남한 지역별 옹기 공방 주소록을 참고 자료로 싣는다.

## 남한 지역별 옹기 공방 주소록

| 지역별 | 번호 | 공방 소재지 |
|---|---|---|
| 서울 | 1 | 동대문구 신내동 522-3 |
| | 2 | 동대문구 망우동 |
| 인천 | 3 | 북구 경서동 |
| 경기 | 4 | 광주군 초월면 산이리 |
| | 5 | 광주군 초월면 산이리 76 |
| | 6 | 이천군 장호원읍 노탑 2리 |
| | 7 | 안성군 보개면 양봉리 |
| | 8 | 용인군 원산면 사암리 |
| | 9 | 이천군 장호원읍 노탑 343 |
| | 10 | 가평군 가평읍 달전리 336-1 |
| | 11 | 용인군 원산면 사암리 1005 |
| | 12 | 용인군 이동면 어비리 212 |
| | 13 | 용인군 이동면 황산리 199 |
| | 14 | 여주군 북내면 현암리 산 72 |
| | 15 | 가평군 가평읍 달전리 319 |
| | 16 | 가평군 가평면 읍내리 |
| | 17 | 양주군 회천면 덕정리 |
| | 18 | 양평군 용문면 다문리 |
| | 19 | 화성군 팔탄면 가재리 |
| | 20 | 화성군 봉담면 당하리 |
| | 21 | 안성군 대덕면 건지리 |

| 지역별 | 번호 | 공방 소재지 |
|---|---|---|
| 강원 | 22 | 동해시 이원동 8통 2리 |
| | 23 | 평창군 평창읍 하 2리 |
| | 24 | 명주군 구정면 덕현리 4반 |
| | 25 | 홍천군 화촌면 송정리 |
| | 26 | 원주시 반곡동 1555 |
| | 27 | 원성군 신림면 용암리 |
| 충북 | 28 | 청원군 강외면 봉산 2구 349 |
| | 29 | 청주시 수동 329 |
| | 30 | 청원군 강외면 봉산리 |
| | 31 | 충주시 금능동 213 |
| | 32 | 옥천군 안내면 현리 |
| | 33 | 음성군 음성읍 오성동 |
| | 34 | 청원군 미원면 구방 1구 |
| 충남 | 35 | 예산군 오가면 역탑리 산 16 |
| | 36 | 예산군 예산읍 신례원 240 |
| | 37 | 홍성군 갈산면 동성리 101 |
| | 38 | 홍선군 갈산면 동성리 |
| | 39 | 공주군 정안면 내촌리 4 |
| | 40 | 천원군 입장면 외유리 2구 |
| | 41 | 예산군 오가면 오촌리 16 |
| | 42 | 예산군 오가면 오촌리 309 |
| | 43 | 예산군 오가면 오촌리 386 |
| | 44 | 아산군 도고면 금산리 |
| | 45 | 천원군 성환읍 우신리 2구 |
| | 46 | 예산군 오가면 오촌리 390 |
| | 47 | 연기군 금남면 용담리 |
| | 48 | 논산군 연무읍 고내 6동 |
| | 49 | 천원군 수신면 장상리 |
| | 50 | 천원군 성환면 우신리 |
| | 51 | 예산군 삽교면 신달리 59 |
| | 52 | 논산군 연무읍 마전 5동 |
| | 53 | 예산군 봉산면 당곡리 |
| | 54 | 예산군 덕산면 읍내리 |
| | 55 | 논산군 연무읍 마전리 3반 |
| | 56 | 공주군 계룡면 회현리 |
| | 57 | 논산군 연산면 입리 |

| 지역별 | 번호 | 공방 소재지 |
|---|---|---|
| 전북 | 58 | 김제군 청아면 신월리 |
| | 59 | 완주군 조촌면 창동리 내동부락 |
| | 60 | 완주군 고산읍 |
| | 61 | 김제군 황산면 난봉리 |
| | 62 | 김제군 황산면 쌍감리 |
| | 63 | 정읍군 감곡면 석정리 석정부락 |
| | 64 | 김제군 백산면 북월리 부창마을 |
| | 65 | 김제군 청아면 신월리 조포 |
| | 66 | 부안군 주산면 사산리 |
| | 67 | 부안군 산내면 지서리 |
| 전남 | 68 | 광주시 효천동 |
| | 69 | 광주시 북구 오룡동 신점마을 |
| | 70 | 무안군 몽탄면 몽탄리 신창부락 |
| | 71 | 강진군 칠량면 봉황리 |
| | 72 | 화순군 능주면 백암리 |
| | 73 | 나주군 봉황면 신동리 |
| | 74 | 순천시 금당고등학교 옆 |
| | 75 | 보성군 벌교읍 |
| | 76 | 광양군 광양읍 덕내리 |
| 경북 | 77 | 월성군 현곡면 금장리 |
| | 78 | 경주시 불국동 5통 1반 |
| | 79 | 영일군 청하면 명안 2리 |
| | 80 | 영일군 기계면 내단 1리 |
| | 81 | 칠곡군 왜관읍 |
| | 82 | 경산군 남천면 금곡 2동 |
| | 83 | 달성군 가창면 대일 산 11 |
| | 84 | 영천시 도동 |
| | 85 | 칠곡군 지천면 신동마을 |
| | 86 | 대구시 북구 음내동 |
| 경남 | 87 | 창녕군 부곡면 |
| | 88 | 울산군 언양면 고산리 126 |
| | 89 | 울산군 언양면 망향리 120 |
| | 90 | 울산군 언양면 고산리 125 |
| | 91 | 하동군 금남면 |
| | 92 | 양산군 상북면 대석리 |
| | 93 | 산청군 생초면 월곡리 545 혜성도기 |

남한의 옹기 공방 분포도

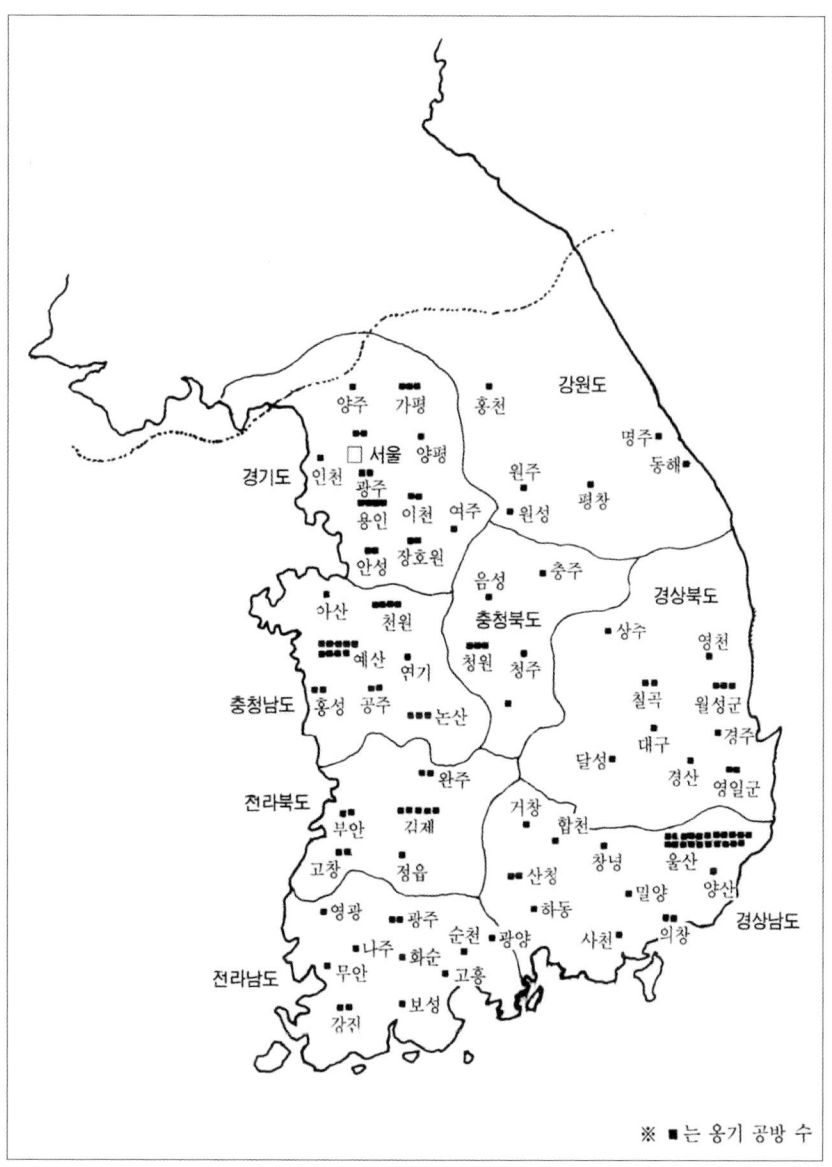

**빛깔있는 책들 101-20**

# 옹기

초판 1쇄 발행 │ 1991년 8월 17일
초판 9쇄 발행 │ 2022년 4월 10일


글 │ 정양모·이훈석·정명호
사진│옹기문화가족
발행인 │ 김남석

발행처 │ ㈜대원사
주   소 │ 06342 서울시 강남구 양재대로 55길 37, 302
전   화 │ (02)757-6711, 6717~9
팩시밀리 │ (02)775-8043
등록번호 │ 제3-191호
홈페이지 │ http://www.daewonsa.co.kr

값 13,000원

ⓒ Daewonsa Publishing Co., Ltd
Printed in Korea 1991

ISBN │ 978-89-369-0106-6(89-369-01068)   00390
      978-89-369-0000-7 (세트)

# 빛깔있는 책들